お金を
かけず 定着する
人材を採用する

人手不足に対応した
スグに使える採用定着ノウハウ集

採用定着実践会 編

労働新聞社

は じ め に

さて問題です。

アルバイトの採用に 1 人 10 万円の求人広告費がかかっているとします。

例えば、客単価 2,500 円の飲食店（利益率 10％）の場合、何人のお客様が来店しなければ、求人広告費のねん出ができないでしょうか？

回答は次の通りです。

利益率が 10％なので、売上 100 万円分になります。客単価が 2,500 円なので、100 万円÷ 2,500 円＝ 400 人。つまり、アルバイト 1 人雇うのに 400 人のお客様が必要になります。

あなたの商売で考えるといかがでしょうか？

いきなり問題を出し、恐縮です。

この本をお手に取っていただきありがとうございます。

この本をお取りになられたということは、今、採用や定着で課題を抱えている経営者様か人事の方ですかね？

または、顧問先から採用の件で相談を受けている社労士さん、はたまた求人広告代理店の営業マンですかね。

いずれにしても、採用や定着に課題を感じている人や会社が非常に増えてきました。

求人に携わる求人代理店や媒体元の会社は過去最高益をたたき出し、社員旅行などで海外に行く会社が増えました。一方で採用がうまくできずに人手不足が理由で倒産する会社も増えました。

両極端な例をわざと挙げましたが、中小企業の経営者の皆様、もっと真剣に採用や定着について勉強してください。そうしないと、資本力のある福利厚生の充実した大手企業に、御社の優秀な社員は引き抜かれるようになります。優秀な社員がふと転職を考えたとき、大企業や人材紹介会社からスグにオファーが来て、今より良い条件を提示され、転職していきます。そして、採用や定着に力を入れていない中小企業ほど、優秀な人材が抜けた結果、会社は倒産の危機にさえ立ってしまうのです。

少し大げさに伝えましたが、実際に人手不足倒産は近年まれにみるハイペースで現実のこととして起きています。こんな時代だからこそ、中小企業は改めて、今までの求人のやり方を見直し、採用定着の弱者から、働きたい人が集まり、定着する会社を本気で目指す必要があります。今まで通り人が足りないからといって、大手の求人広告にだけ頼るようなやり方ではもう資本力のある会社に太刀打ちできません。

　また、一方で採用や定着の勝ち組となった中小企業の中には、その採用定着力を活用して、全くの異業種から採用コンサルティングサービスをスタートさせるような事例もでてくるようになりました。

　このような「採用や定着の勝ち組中小企業」とこの本を手に取っていただいた皆様との違いは何かというと、採用や定着に関して、「経営者が本気になっているか否か」ということに結果的には収束していきます。

　つまり、いい人が採れている会社とそうでない会社との違いは人事が悪いのではなく、社長が悪いのです。今の時代、ある程度お金をかけないといい人はやはり採れません。だからといって何も考えずに、大手の人材紹介会社や求人広告にだけ頼っていてはお金がいくらあっても足りません。

　本書、『お金をかけず　定着する人材を採用する』では、このタイトル通り、どのようにすれば今より費用をかけずにいい人材が採れるのかをテーマに論理と具体的な事例、そして、できるだけ無料でスグにできるノウハウ等も入れながら、書き上げさせていただきました。

　大手人材紹介会社や求人広告だけに頼った採用を少し変えたいと思っている方の入門書になればとの思いがあります。ぜひ、あなたの会社の「らしさ」にスポットライトをあて、独自固有の採用定着モデルの構築作りにお役立てください。

　なお、本書購入特典として、本書で取り上げる図や書面事例などの、読者限定の採用定着オリジナルコンテンツをプレゼントさせていただきます。ダウンロード方法は巻末に記載させていただきますので、ぜひお役立てください。

目　次

第1章　欲しい人材・活躍する人材は　「明確」になっていますか？ ……7

（1）あなたの会社で　「従業員が辞めずに働く理由」は何ですか？ ………………… 8

（2）「理念・ビジョン・行動指針・中期経営計画」と　「採用」は繋がっていますか？ ……………………… 19

（3）社長直下の「採用プロジェクトチーム」が肝 ………… 24

（4）採用競合企業を「把握」する ………………………… 27

（5）欲しい人材・活躍する人材を「明確」にする ………… 30

第2章　今よりお金をかけずに　欲しい人材を集めるマル秘テクニック…… 45

（1）採用活動で「必要なツール」の確認 ………………… 46

（2）「応募者を集める」を分析する ……………………… 58

（3）大手求人広告の Web プロモーション戦略を知る ……… 74

（4）今、注目の「Indeed」を正しく活用する ………… 80

（5）「採用ブログ」の威力 ………………………………… 88

第3章　欲しい人材を　しっかり動機づける・見抜く面接手法…… 95

（1）「応募者を面接に呼び込む」が実は大変 ……………… 96

（2）一次面接は　「入社したい！」と思ってもらうことが大切 ………… 101

（3）最終面接での「選考のポイント」 …………………… 112

（4）アルバイト・パートの入社率を上げる面接のポイント …… 116

第4章　内定からが本番！
欲しい人材を「しっかり」入社させる…… 119
- （1）最終面接の合否結果はできるだけ「早く」だす ………… 120
- （2）条件面談で
「評価、期待と役割、条件」をしっかりと伝える………… 122
- （3）退職フォローをしっかりやる！
優秀層ほど引き留められる ……………………………… 129
- （4）内定通知書、雇用契約書などの書面で会社を守る ………… 135

第5章　入社した人材が定着し、活躍する仕組み…… 139
- （1）褒めて承認欲求を満たすことが大前提 ………………… 140
- （2）配属先任せではなく、
面でフォローすることが大切 ………………………… 143
- （3）入社初日にやるべき3つのこと ……………… 144
- （4）初めての休日前にしっかりと話す ……………… 150
- （5）入社1か月目に改めて期待と進捗の確認 ………… 152
- （6）入社3か月目に
改めて入社時の気持ちを思い出させる ……………… 153

あとがき…………………………………………… 156

第1章
欲しい人材・活躍する人材は「明確」になっていますか？

（1）あなたの会社で「従業員が辞めずに働く理由」は何ですか？

（2）「理念・ビジョン・行動指針・中期経営計画」と
　　 「採用」は繋がっていますか？

（3）社長直下の「採用プロジェクトチーム」が肝

（4）採用競合企業を「把握」する

（5）欲しい人材・活躍する人材を「明確」にする

（1）あなたの会社で
「従業員が辞めずに働く理由」は何ですか？

・「従業員が辞めずに働く理由」が大切

　有効求人倍率が 1.5 倍を超え、求人広告を出しても応募者が殺到する会社はほとんどありません。逆にいうと、仕事を探している人にとっては希望の仕事に就く絶好のチャンスと言えます。転職を特に考えていなかったとしても、通勤電車に乗れば、電車の中は求人サイトの広告だらけ、スマホで Facebook などをみると、なぜだか自分にぴったりのお仕事情報が表示される。家に帰り、テレビをつけても求人サイトの CM が流れています。

　このような状況の中で、例えば、「今日、仕事や職場で嫌なことがあった」や、「嫌なことがたまたま続いた」時に、「気になる求人が手元に届き、なんとなくその求人に応募し、面接に行くと意気投合してしまい、内定となり、そのまま転職をしてしまう」、ということが起きる可能性があります。しかし、あなたの会社の従業員の多くは転職することなく、あなたの会社で働いてくれています。

　さて、ここでシンプルな質問をします。あなたの会社で「社員が働く理由」を明確に答えられますか？　従業員一人ひとり異なると思いますが、例えば、多数派の意見としては、どんな理由になるか答えられますか？　エースのあの社員はなぜ当社で働いてくれているんだろう？　ここがわかっているかが大切になります。

　　例えば以下のような理由があるかもしれません。
　　　高い給料をもらっているから
　　　アットホームだから
　　　働きがいがあるから
　　　理念やビジョンが共有できているから
　　　一緒に働く仲間が刺激的だから

　このように、色々な理由がでてくると思います。社長が思っている「社員が働く理由」と人事が思っている「社員が働く理由」、その他の一般社

第1章　欲しい人材・活躍する人材は「明確」になっていますか？

員が思っている「社員が働く理由」は一致しているでしょうか？　これが一致している会社は恐らく、定着率も高く、職場環境がよい可能性が高いと言えます。

　逆に「社員が働く理由」について、社長・人事・一般社員の認識がバラバラの場合や、社長や人事が明確に答えられない場合は、そもそも採用に苦戦、または、入社しても定着しない可能性が高いと言えます。

　こう考えると、あなたの会社で「社員が働く理由」がいかに大切なのかがご理解いただけたと思います。ぜひ一度、「社員が働く理由」という観点で、社員とコミュニケーションを取ってみてください。きっと思っていた結果とは違う理由や新しい発見が見つかるはずです。

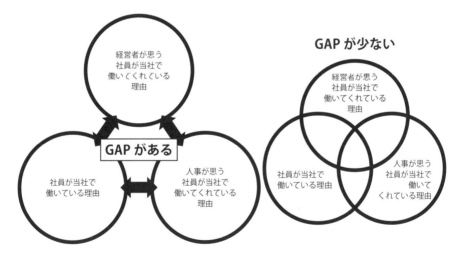

経営者・人事・社員それぞれが、
会社で社員が働く理由を理解しているかが重要

・「従業員が辞めずに働く理由」の分析の仕方

「従業員が辞めずに働く理由」をどうやってそれを把握するかについて、具体的に見ていきたいと思います。ここでは、組織サーベイ・適性検査と社員インタビューという方法を説明させていただきます。

①組織サーベイ・適性検査を活用する

巷には様々な組織サーベイ・適性検査がありますが、今までいずれかでも実施されたことはありますでしょうか。組織サーベイ・適性検査を実施すると、どのようなサーベイを使ってでも、いったんは一つの指標として、客観的に既存の社員のタイプや組織への満足度などを見ることができます。

例えば、内向的な社員が多いのか、外交的な社員が多いのか、変化に富んでいるのか、保守的なのかなど、組織サーベイ・適性検査の種類やどんな観点で測りたいかによって、実施する組織サーベイ・適性検査を検討されるとよいと思います。

最近では、IT技術の発展もあり、人事領域でも様々なサービスが生まれています。例えば、株式会社ミライセルフのmitsucariというサーベイでは既存の従業員の適性検査は無料で実施することができます。この適性検査では、自社や各部門の社風を見える化し、求職者に実施させることで、社風にマッチングするかを判断するサービスになっています。

組織サーベイや適性検査に関しては、以前は非常に高額なサービスも多くありましたが、昨今ではmitsucariのように安価なサービスもでてきています。一度、自社がどのような状態にあるのかをこのようなツールを利用し、見える化させておくことが大切です。また、当然、組織は変化を常にしているので、1年に一度等、定期健康診断のように実施し続けることで、改善された点・悪くなった点等を定期的に現状把握していくことが大切です。

組織サーベイ・適性検査を実施することで、「従業員が辞めずに働く理由」が少し言語化できるようになってきます。「社長が思っていた理由」と「事実」にはギャップがあることが多いので、しっかりと受け止める勇気を持つことが大切です。

第1章　欲しい人材・活躍する人材は「明確」になっていますか？

適性検査比較表

適性検査名	運営会社	特徴
SPI3	リクルート	・応募者の人柄を簡単に確認できる。そのコメント数は74,000通り ・約7割が従業員数300人未満の中小企業 ・面接で確認すべき項目が報告書に表示される
玉手箱III	SHL	・母集団形成や初期選考に活用するために作られた検査 ・パーソナリティ診断において、実施時間が短くかつ受験人数制限がない ・入社時に見ておくべき「ヴァイタリティ」「チームワーク」などの9特性のフォーマットで報告される
GAB/CAB	SHL	・自宅のPCで受ける「自宅受験型」WEBテスト ・英語での受験、個人結果報告書の出力にも対応 ・将来のマネジメント適性、「営業」「研究／開発」など8つの職務適性予測
V-CAT	能率協会	・延べ1,000万人を超える臨床データをもとに、経験豊かな専門家の目による独自の解析 ・作業検査法による検査なので、作為的回答は困難 ・採用選考から管理職昇格・教育まで幅広く、継続して活用することが可能
CUBIC	AGP	・最短当日〜翌営業日中にメールで診断結果判定 ・通常版の他、ストレス耐性版もある
内田クレペリン	日本・精神技術研究所	・外国人の方を採用する際にも利用できる ・60年以上の歴史と5,000万人以上の利用実績を持ち、長年に渡る研究と改訂を経て現在の形となった、妥当性と信頼性の高い検査
mitsucari	ミライセルフ	・即時に結果がでる ・社風の見える化、職場とのマッチング度の判定がしやすい
PET II	ベクトル	・テスト結果による15の人材タイプにカテゴリー分け ・メンタル診断としての活用実績
不適正検査スカウター	トランジション	・業界唯一の不適性検査で、定着しない・成長しない・頑張らない人材に共通する不適性な傾向を予測 ・8カ国語（日本語・英語・中文（簡体）・中文（繁体）・タイ語・インドネシア語・ベトナム語・ハングル語）対応

②社内アンケートに関して

　続いて、費用をかけずに「従業員が働く理由」を知る方法として、社内アンケート調査という方法もお勧めです。ただし、実施理由はしっかりと伝えておく必要があります。

　「このアンケート結果が人事評価にまで影響するのではないか…」のような噂が社内に出回ると本音の回答を得にくくなると思います。「定着する人材を採用するために今いる社員の皆様が当社で働く理由をお聞かせください」という目的をしっかりと説明していくことが大切です。

　アンケートの特性上、無記名で実施しても問題ありません。むしろ、より本音で書いていただきたい場合は無記名での実施が好ましいです。

　また、このようなアンケートを紙ベースで実施されてもよいのですが、今はインターネットツールで例えば、Google フォームやフォームメーラーというツールをうまく活用すれば、全て無料でアンケートフォームを作ることも可能です。このようなツールを使うことで集計処理も楽になります。

第1章　欲しい人材・活躍する人材は「明確」になっていますか？

当社で働く理由を明確にするための
従業員満足度調査の質問項目事例

質問項目	回答
①入社何年目ですか	□1年未満　□1年以上3年未満 □3年以上5年未満 □5年以上10年未満　□10年以上
②あなたは総合的に当社でお仕事をすることにどれくらい満足をしていますか	□とても満足　□満足　□ふつう □不満　□とても不満
③②の理由をご記入ください	
④仕事をする上でのモチベーションに該当するものを全てにチェックしてください	□給料　□人間関係　□仕事内容 □休日数　□1日の労働時間 □やりがい　□自己成長 □その他（　　　　　　　　　　）
⑤仕事をする上で1番のモチベーションになるものはどれですか	□給料　□人間関係　□仕事内容 □休日数　□1日の労働時間 □やりがい　□自己成長 □その他（　　　　　　　　　　）
⑥当社で働く魅力を教えてください	
⑦当社で働く満足度は100点満点にするとずばり何点ですか	
⑧⑦の理由を教えてください	
⑨友達がお仕事を探していたら、当社を勧めたいと思いますか	
⑩⑨の理由を教えてください	

③社員インタビューに関して

最後に、社員インタビューも非常に大切です。これは優秀な社員だけに実施するのではなく、それぞれの評価結果から無作為に抽出し、インタビューすることをお勧めします。

また、インタビュアーはできるだけ社外の人材(キャリアカウンセラー等)を活用することをお勧めします。この理由はより本音を聞き出すためになります。

質問項目としては、前提として、会社をよりよく働きやすい・成長する会社にするために行っていることを前提に、「今の仕事のやりがいや課題」「もっとやるべきこと」「今の自分は活躍できているかどうか、とその理由」などを確認していきます。

できれば、会社側(社長直下の採用プロジェクトチーム)は匿名の状態でこれらの内容を把握し、社員インタビューから考察される働く理由を確認していきます。ここでも個人名を確認したうえで実施すると、本音の聞き出しがしにくくなります。また、共有しないことを約束しているのに、それを破って誰が言っていたか等を共有したことが社員に伝わると、当然、社員の士気は低下しますのでくれぐれも注意をしてください。

上記の組織サーベイ・適性検査やアンケート、インタビューを実施することで、既存の社員やスタッフが辞めずに当社で働いてくれている理由が明らかになっていきます。しっかりと言語化していくことが大切で、もともとの思い込みや想定していなかった当社での働く魅力にしっかりとフォーカスしていきましょう。

第1章　欲しい人材・活躍する人材は「明確」になっていますか？

・「本音の退職理由」分析
（退職3か月後くらいなら本音で教えてくれる）

　人を雇ったことがある会社の多くは、一方で社員に退職された経験を持つと思います。

　突然、社員から退職の相談を受け、退職届を手渡され、「なんで辞めるんだ!?」と聞いても、家族の都合や地元に帰らなければいけないと等、様々な理由をつけられて、本音を聞くことができないケースが多いと思います。

　退職をする本人は「円満退職です」と次の会社に伝えていることが多いですが、中小企業の経営者の多くは、最初は怒りがこみあげ、途中から次の人を早く採用しないといけないことに気がつき、しだいに社員全員がばたばたし始め、どうにか乗り切ったとしてもメンタル的には疲れる経験になります。

　さて、ここからが大切なポイントになります。それは退職者の「本音の退職理由」を正確に把握することが非常に大切であるということです。

　退職届を渡されたタイミングの時は本音を話すことなく、あくまでも建前で会社を去ろうとします。その多くは「一身上の都合により」のフレーズです。もちろん、本当に親の介護など家族の問題で退職を余儀なくされているケースもあると思いますが、多くの場合、恐らくは「単に転職」していることが多いと思います。大切なことは、「なぜ転職をするに至ったのか？」ということを会社は分析できているかということです。

　転職に至る理由は大きく分けると、2つあります。1つ目は職場の周囲10m以内の人間関係の不満です。これは例えば、「上司が尊敬できない」や「社長についていけない」のような職場の狭いコミュニケーションなどのギャップによる、人間関係崩壊により、転職を意思決定するケースです。辞めようと意思決定してから、我慢して仕事を続けて、次が決まったらすぐに転職しようという動きをする方が多いパターンになります。もちろん、アルバイトやパートの場合は次を決める前に、退職することも多いと思います。

　2つ目の理由は、今より好条件の求人を見つけたからという理由です。例えば、以前に登録していた人材紹介会社や求人サイトからのメールが届き、とても魅力的な条件のお仕事を見つけてしまった場合などに起きます。

15

好条件の求人になんとなく応募をしたところ、内定が出た時に、転職の意思決定をすることになります。

つまり、話を元に戻すと、「なぜ転職をするに至ったのか？」の理由は「職場の人間関係」または「好条件のお仕事からの内定」であることが多いということです。

転職タイミングではなかなか本音で話してもらうことは難しいのですが、1か月〜3か月等経過したタイミングであれば、「本音の退職理由」を語ってもらいやすくなります。

ヒアリングさせていただく姿勢としては、「大変申し訳ないのだけれど、もっといい職場にしたいから」ということをしっかりと説明、お願いすることが大切です。

仮に当時は嫌なことがあったとしても、時間がたつと、冷静に振り返って何を不満に思ったかなど、ざっくばらんに聞けることが実は多いのです。

全員が対応をしてくれるわけではないでしょうが、このようなことをしっかりと実施し、改善しなければいけないことを本音で元社員から聞くことはとても役に立ちます。

場合によってはそのような姿勢の会社に共感し、また戻ってきたいと言われるケースもあると思います。なお、謝礼などをお支払することでスムーズな実施導線を作ることができます。

また、ここで聞ける本音に対しては、しっかりと真摯に一度受け入れるようにしてください。ヒアリングをしながら、激高などをしては何の意味もありません。ぜひ、実施の際はお気をつけください。

この取り組みはアルバイトやパートの場合でも効果的だと思います。例えば、学生アルバイトの場合は卒業した後に本音でもっといい職場にするために何をしたらいいと思うか等を確認し、改善していくことが大切です。

第1章　欲しい人材・活躍する人材は「明確」になっていますか？

退職理由の本音ヒアリングシート
（退職後1か月以上空けて実施してください）

質問項目	自由記入
①今はどんなお仕事をされていますか	
②当社を退職しようと思った決め手はなんですか	
③当社をもっと働きやすい環境にするためにはどのようなところを改善するべきだと思いますか	
④今のお仕事は当社での転職に至った課題を解決できていますか	
⑤当社で働く魅力は何だと思いますか	
⑥今後、当社に出戻りたいというお気持ちはありますか	
⑦最後にあなたのキャリアの目標を教えてください	

・従業員が辞めずに働く理由を「見える化」する

　「従業員が辞めずに働く理由」を明らかにすることの重要性をご理解し始めた方もいらっしゃると思います。しっかりと「見える化」していく過程で、「従業員が働く理由」が言語化できるようになります。言語化をすることで、求人募集や会社説明会、面接などの選考過程においても、しっかりと相手に伝えることができるようになります。

　また、「従業員が働く理由」は会社の文化や風土とも密接に繋がるため、「従業員が働く理由」を見える化した結果、経営者の思い描いている現実とのギャップが大きい場合は、改めて時間をかけながら、改善していく必要があります。しかし、ここまで掲げてきたステップをしっかりと検討さえしていれば、どのポイントにギャップがあるかが、浮き彫りとなるため、改善もしやすくなることでしょう。

　ここで「従業員が働く理由」を見える化するツールをご案内させていただきます。ぜひ、一度、しっかりと向き合ってみてください。

17

あなたの会社で働く理由を見える化するシート

項目	ポイント	自由記入
①給与・待遇面	・給料が高いのか低いのか ・給料以外のやりがいはあるのか ・賞与の有無は	
②仕事内容面	・単調な仕事 ・複雑な仕事 ・指示がない ・指示がぶれる	
③人間関係面	・ドライ ・ウェット ・仕組み化	
④評価面	・厳格な運用 ・適当な運用 ・満足してるか ・役割は伝わっているか	
⑤労働時間など衛生面	・定時で終わる ・残業が多い ・トイレがキレイ ・事務所がキレイ ・やる気がでる	
⑥社風面	・同じ方向を向いてる ・自由な職場 ・コロコロ変わる	

第1章　欲しい人材・活躍する人材は「明確」になっていますか？

（2）「理念・ビジョン・行動指針・中期経営計画」と　　　「採用」は繋がっていますか？

・理念・ビジョン・行動指針・中期経営計画はありますか？

　さて、あなたの会社の理念やビジョンや行動指針は、幹部や従業員にしっかりと浸透していますか？　また、中期経営計画を理解して、業務遂行をしていますか？

　採用の話をしているのに突然、理念やビジョン等の話になり驚かれたかもしれませんが、理念やビジョン、行動指針などは採用にも大きく影響してきます。

　仮に、「社員が働く理由」が理念やビジョンへの共感でしたら、非常に強い組織になっていくことでしょう。また、理念やビジョンを実現するための行動指針や中期経営計画を具体的な現場実務に落とし込むと、「どんな人材を採用しなければいけないか」や「何人採用をしなければいけないか」がおのずと明らかになります。

　仮に現在の「社員が働く理由」が「給料が高いから」や「休みが多いから」が多かったとしても、改めて、理念やビジョン、行動指針を社員へ浸透させましょう。働く理由を「理念に共感したから」や「仕事に前向きな他の社員と仕事ができるから」等に変えていくように、社員教育をしていくことも大切です。

　理念やビジョン、行動指針がしっかりと浸透している会社では、そこで働く従業員はイキイキとしており、面接や会社説明会で来られた求職者にもよい雰囲気を感じていただくことに繋がります。「あんな風に仕事をしたい！」と求職者に思ってもらうことで、入社後のミスマッチの軽減にも繋がります。

　ただし、理念浸透の話をすると、「うちの会社は理念や行動指針を唱和しているから大丈夫！」と言われる会社が多くあります。単に「毎朝、唱和する」だけでは、頭を使わない「作業」となってしまい、効果を期待できません。そうではなく、理念やビジョン、行動指針がしっかりと人事制度まで落とし込まれていることが理想です。理念や行動指針に基づいた行

19

動がしっかりと評価に反映されることで、従業員ははじめて行動に移すということを忘れないでください。単に「毎朝、唱和する」だけでは、頭を使わない「作業」となってしまい、効果を期待できません。

　また、会社の理念やビジョン、行動指針の内容が難しすぎて、社員に伝わっていないこともよくあります。社員にわかりやすく伝わってこそ、行動に移すことができることをぜひ押さえておいてください。
　例えば、ある人材サービス会社では仕事に取り組む姿勢を熱意ややる気のような３つのキーワードの掛け算で表していました。しかし、そのキーワードは全て抽象度が高く、その解釈は人により異なるものでした。これでは社員や求職者にはうまく伝わりません。抽象度が高い場合は、その言葉の定義や考え方などをしっかりと共有することが大切になります。

　理念やビジョン、行動指針をしっかりと作られている会社は、ぜひそれらができた背景を改めて紐解き、社員への浸透を加速させるとともに、その点からも「社員が働く理由」を考えてみてください。

　理念からビジョン、目標、行動指針、求める人物像の落とし込み

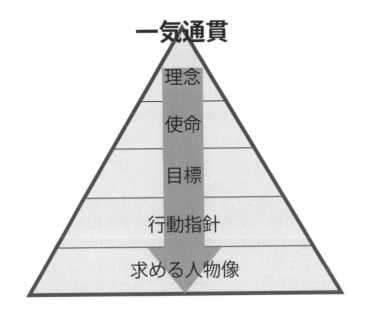

第1章　欲しい人材・活躍する人材は「明確」になっていますか？

・経営戦略の中で、採用戦略は今、重要です

　経営者と話をしていると、当然ながら経営資源の話になることも多々あります。そして、多くの経営者は「『人・モノ・金・情報』の中で、『人』を一番大切にしている」と話をされます。そこで、「では、具体的に経営資源で大切な『人』に対してどんな投資をしていますか？」と質問すると、「特に何もしていない」と答える経営者が多いように思います。

　助成金などを活用し、社員教育をしっかりとしている会社は稀で、多くの会社は「特に何もしていない」のが実態ではないでしょうか。「忙しくて人が採れないので、研修なんてやっている時間がない」という意見が実態だと感じています。さらに「人を採用するために何か具体的に取り組んでいる、他社と差別できることはありますか？」とお伺いすると、多くの経営者は少し考えて、「特に何もしていない」と気づかれることが多いです。多くの中小企業では採用担当者を専任で配属することなく、本業の片手間で行っているスタッフが1人いる、ということが多いと思います。

　つまり、多くの中小企業の実態としては、経営資源の最重要は「人」だと言いながら、特に「人」に投資をしていないということが浮き彫りになってきます。逆に大手企業の中では、新卒・中途・アルバイトにそれぞれ複数名の専任担当者がいるケースも普通にあります。大手企業とガチンコでやりあってはこの点からも中小企業は勝てないのです。

　しかし、これを放置しておくと、非常に大きな問題が近い将来やってきます。なぜかというと、中小企業の中でも、「人」の採用や定着の重要さを理解した会社がでてきたからです。これらの会社は経営戦略として「採用」が重要であると判断し、断腸の思いで営業の若手エース社員を採用担当者に配属するということを始めています。これは何を意味するかというと、「人材が採れる会社」と「応募すらこない会社」は今後、さらに二極分化することを意味しているということです。

21

・採用・求人の市況を知る

　企業の求人人数を求職者数で割る数字を有効求人倍率と言い、厚生労働省がハローワークのデータを集計し、毎月発表しています。平成30年5月のタイミングではこの有効求人倍率は1.6倍という数字となっています。これは160人分のお仕事を企業側は募集をしていますが、仕事を探している人は100人しかいないという状態であると言えます。つまり、人手は足りないという説明ができます。この数字はあくまでもハローワークのデータによるものなので、参考数値として押さえておくことがポイントにはなりますが、ここ1年は1.5倍以上を記録し続けており、企業側は人の確保が難しいと言えます。ただし、例えば、事務系のお仕事などは有効求人倍率が0.4倍台となっている業種もあります。0.4倍ということは4人分の求人に10人の求職者が希望しているということになりますので企業側からすると採用がしやすいお仕事と言えます。そのため、業界や業種、エリアなどによって採用しやすい求人としにくい求人がありますので、しっかりと見極めてどのような応募者を集めるかということを考える必要があります。

　大学の新卒採用に関しても、「第35回ワークス大卒求人倍率調査」（リクルートワークス研究所）によると、1学年あたりの大卒者の数はざっくり45万人弱で、企業が求める求人の数は81万人分あります。求人倍率に直すと1.88倍となり、前年より0.1倍アップしています。

　さらに、300人未満の会社で求人倍率をみると9.91倍となり、前年の6.75倍よりも高い数字となりました。逆に1000人以上の会社規模になると求人倍率は1倍程度となり、5000名を超えると、0.37倍となります。

　必ずしも全ての学生が大手企業志向ではないにせよ、45万の新卒の学生のうち、300人以上の企業規模の求人が33万人分程度あります。300人以上の会社には満遍なく決定したと考えると、300人未満の会社では12万人（45万人－33万人＝12万人）の学生を、46万人分の求人で採りあいをしている実態があります（本調査で求人倍率が9.91倍となっているのは、「300人未満の会社に就職をしてもよいか」も回答項目に入れているからだと推測。その際の新卒の数は6.6万人として計算されています）。

第1章　欲しい人材・活躍する人材は「明確」になっていますか？

　さらに、今後、日本人だけの労働力人口の話をすると、現状の6500万人に対し、50年後には4500万人となります。そんな先の話は関係ないというかもしれませんが、もう1つのデータとして、20年前の1学年あたりの成人人口は200万人程度でした。ここ最近の成人人口は1学年あたり120万人程度です。そして、新生児の数は100万人を割るようになってきています。今後、仮に景況感に変化が生じ不況になったとしても、恐らく若い人材の採用は引き続き容易ではないと考えられます。

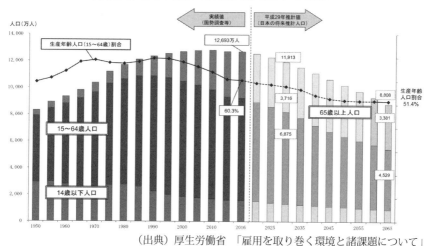

労働力人口の減少と有効求人倍率の推移

（出典）厚生労働省　「雇用を取り巻く環境と諸課題について」

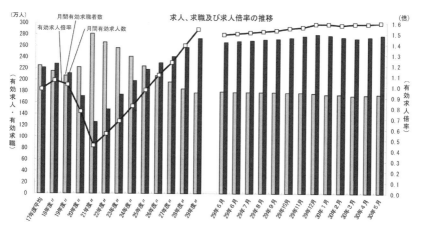

（出典）厚生労働省「一般職業紹介状況（平成30年5月分）について」

（3）社長直下の「採用プロジェクトチーム」が肝

・社長が採用にコミットし、お金も人も出すと意思決定をする

　経営戦略として、採用が重要だとご理解いただいたうえで、次に「誰が採用実務をやるか？」というテーマになります。結論を先にお伝えすると、社長直下に「採用プロジェクトチーム」を作ることをお勧めします。人事部の中に採用チームを置くのもよいですが、中小企業の場合は社長直下に置く方が結果的にいい人材が採れます。また、しっかりと社長自身も採用プロジェクトに責任を持ち、お金も人も出すことを意思決定してください。お金も人も出さずに人が採れる時代は終わりました。

　社長直下に「採用プロジェクトチーム」を置く理由は以下の通りです。

①選考期間の観点

　人事部の中に採用チームがある場合、採用チームが面談した後に、人事部長が面接、さらに社長面接と続き、いたずらに選考期間が長くなります。

②迷った求職者を見送るリスクがある

　原則として、中小企業の面接においては社長以外の面接官は、迷ったら「社長面接に行かせるべき」なのですが、微妙なラインの求職者の場合、社長面接をセッティングしたことで、面接官や採用担当などが社長に叱られることを恐れて、見送りにすることがあります。

　社長は迷った人材は採用するべきでないですが、社長以外は、迷ったら「面接を通過させること」を意識することが大切です。

③内定受諾率が高まる

　アルバイトでも新卒でも中途でも、最初に内定が出た会社に入社する可能性が一番高いというデータがあります。また、中小企業の一番の顔は社長そのものです。つまり、採用プロセスにおいて、よい人材が見つかった時に、社長自らがスピード感をもって、面接及び理念やミッション、ビジョン等を求職者に直接伝えることは内定の受諾率の向上にも大きく繋がります。

第1章　欲しい人材・活躍する人材は「明確」になっていますか？

④採用は経営戦略上も重要な位置づけになった

　労働力人口の減少、求人数の増加に伴い、優秀な人材の採りあいは激しさを増すばかりになります。このような中で攻めの採用戦略を実行するには経営判断が必要になってきます。お金も出さずに、また人も出さずに採用できるほど甘くないということです。また、しっかりと情報武装や正しい採用戦略を実行するために、今までと同じやり方をするのではなく、独自の採用モデルを構築していかければ、大手に負けてしまいます。そのためにも経営者が陣頭に立ち、対応していく必要があります。

　以上で、社長直下の「採用プロジェクトチーム」をつくることが大切な理由をご理解いただけたと思います。

・採用プロジェクトチームの作り方

　まず、最初にやるべきことは専任担当者（どうしても人手が足りない場合は採用に業務・評価として責任を持たせる担当者）を1人決めることです。よくあるケースでは、次の社長や将来の社長になる人材（社長のご子息が担当するケースが多い）に、このポジションを任命することが多いです。この理由は、次の社長になる人材が、会社の将来を一緒に作っていく社員を募集することに直結するからです。

　すなわち、専任担当者はできるだけ会社の若手エース級人材を登用することが大切です。会社からすると、短期的に見るとこの意思決定は、営業数字上、非常に痛手になるかもしれません。しかし、中長期的にはこの採用プロジェクトチームの責任者を軸に、次世代の人材を採用することは、会社に発展に必ず繋がる投資になります。

　特に新卒など若手人材を採用する場合は、若手社員を担当にすることが非常に重要になってきます。クライアント先で採用のアドバイスとしてテクニカルなご説明をしていると、「今、言われていることはだいたい当社もやっています」とお答えになる人事採用担当者の方がいらっしゃいます。しかし、その方は50歳を超えられており、正直見た目もそれほどよくありません。非常に申し訳ないのですが、その採用担当者が一生懸命学生に連絡をして、面接をして、動機づけをしても、新卒の学生の心に響きません。採用担当者は見た目も大切です。また、年齢差がありすぎると、学生

25

はイメージがわきません。

　逆に、同じ事業をやっている採用競合会社の採用担当者が、30歳前後の今風なイケメンだったとします。全く同じ説明をしたとすると、多くの新卒学生はこちらの会社を選択すると思います。その理由は、「自分もこの会社で働いて30歳になったとき、こんな風に仕事ができるのか！」とイメージしやすいからです。

　このように比較すると、特に新卒や若手人材を採用したい場合、若手エース級を採用チームの専任者にした方がいいとご理解いただけると思います。

　そして、社長直下の採用プロジェクトリーダー（専任者）の下に、社内で横断的に採用業務を手伝うメンバーを集め、チームを発足させます。このチームは次世代の会社を担う幹部メンバー候補であり、このチームで採用した人材とともに将来の会社の成長・発展を実現していくことになります。

　社長直下の採用プロジェクトチームのメンバーに選ばれることで、社長から理念やミッション、ビジョンを直接語られる機会が増え、それらを学生など求職者にわかりやすく伝える努力をする過程で、さらにレベルアップをすることになり、会社全体に影響力を持つ人材へと育っていきます。

　以上のように、社長直下の「採用プロジェクトチーム」を作ることが、採用力強化の点においても、次世代の会社の発展のためにも非常に効果的だということをご理解ください。

社長直下の採用プロジェクトチーム

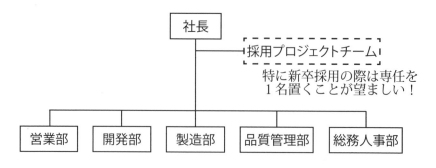

（4）採用競合企業を「把握」する

・どこと採り合っているのかご存知ですか？

　求職者は他の会社にも同時に応募していることをまず理解してください。これはアルバイトでも、新卒でも、中途でも同じです。つまり、求職者をいくつかの会社で採り合っているという事実をまず把握しましょう。

　次に大切なことが、どこと採り合っているかということです。

　まず、アルバイトですが、多くの場合、家からの近さや時給など直接的な労働条件に左右されることが多いので、周辺時給相場などを把握しておくことが大切です。最低賃金が上がってきているなかで、経営的に厳しいことは重々承知しておりますが、最低賃金で募集をしているとなかなか応募が集まらないのも事実です。

　続いて、新卒採用と中途採用に関して、ポイントは面接の中でしっかりと他に応募している会社の有無や会社名を確認しておくことが大切です。

　仮に、企業規模が採用競合の方が小さいのに負けている確率が高い場合は、採用のやり方を根本から見直す必要があります。逆に、自社よりも大手の企業とぶつかった時に、自社に入社してもらえている場合は採用力が高いと言えます。

　まずは、どこと採り合っているかをしっかりと把握するようにしてください。

・４Ｐ分析：商品・給与等条件・選考過程・母集団形成手段

　自社と採用競合を比較する際のポイントはマーケティング戦略で出てくる４Ｐ分析をベースとした分析の仕方を説明させていただきます。本来のマーケティングの使い方とは異なるかもしれませんが、ポイントは商品・会社（PRODUCT）・給与等条件（PRICE）・選考過程（PLACE）・母集団形成手段（PROMOTION）となります。それぞれ詳しく見ていきたいと思います。

商品（PRODUCT）

　求職者にとってわかりやすい商品（サービス）・会社となっているか。また、市場でのシェア等安心できる客観的な情報は入っているか。会社

そのものが分かりやすく伝わっているか等。

　特に BtoB の企業の場合、商品の説明が複雑になっていることがあり、求職者に伝わりにくい場合が散見されます。新卒採用など若手未経験の求職者をターゲットに採用をしたいと考えている場合は十分注意するようにしてください。

給与等条件（PRICE）

　給与条件や年間休日、福利厚生面等の様々な条件面をしっかり把握しておくことも大切です。社長の気持ちとしては「条件面ばかりが気になる人材は当社には合わない！」というお考えの方もいらっしゃると思いますが、その考えを尊重し、採用できない（採用しない）ことが正しいのか、応募者が集まり、採用ができる方が正しいのか、このあたりは社長の判断になってきますので、しっかりと検討してみてください。

選考過程（PLACE）

　どのような選考過程で採用活動をしているかも非常に重要です。例えば、応募があった後の対応として、「スグに連絡を取って面接する会社」と「1週間後に履歴書を郵送してください。書類選考しますと連絡する会社」のケースで考えた時に、どちらの方が採れると思いますか？　当然、前者になります。また、「しっかり希望の確認をし、事業の説明をしてくれる会社」と「圧迫面接や質問を浴びせるばかりの面接スタイルの会社」のケースで考えた時に、どちらが採れると思いますか？　当然、こちらも前者になります。

　また、求職者へのアンケートを見ると、アルバイトも新卒も中途も最初に内定が出た会社に入社する確率が高いというデータも出ています。採用競合がどのように実施しているのか、わかりにくいところはありますが、求職者等へのヒアリングをベースにぜひ確認するように心がけてください。

母集団形成（PROMOTION）

　どのような方法で応募者を集めているかも検討するポイントになります。どの求人広告で応募をかけているのか。または独自性のある方法で

第1章　欲しい人材・活躍する人材は「明確」になっていますか？

集めているのか。しっかりと採用競合のホームページ等も確認するようにしてください。

　その他、独自性の強い母集団形成をされている会社も出てきておりますので採用競合以外の採用手法もチェックし、自社にも応用できないかなどを考えていくことも大切です。

　以上の4つの観点で採用競合の情報を収集し、自社の魅力を打ち出すにはどのような表現をするべきかを考えてみてください。

採用の4P分析

（5）欲しい人材・活躍する人材を「明確」にする

・ペルソナとは？

　ペルソナという言葉はご存知でしょうか。元々は売上アップを考える時のマーケティングで使われる言葉になります。ペルソナとは企業の商品やサービスを利用する顧客の中で最も重要な顧客モデルのことを言います。簡単に言うと上顧客やお得意様のことを指します。売上アップのシーンでペルソナを考える時には、上顧客はどんな人で、どんな生活をしていて、どんなことを大切に考えているか、等を具体的に考え、その上顧客にもっと喜んでもらうにはどんな商品やサービスを提供していけばいいかを検討していきます。

　実際に具体的にお客様の名前まで仮称で設定し、議論をすることも多いようです。

　ペルソナについて、興味を持たれた方は飲食チェーンのスープストックトーキョー等が成功事例として有名な事例となっていますので、インターネット等でぜひ調べてみてください。

・欲しい人材・活躍する人材を明確にする方法

　採用においても欲しい人材をペルソナとして考えていくことが大切です。ここまでに「従業員が働く理由」を明らかにしてきました。これが明らかになったため、どんな求職者に応募して欲しいか、つまり、どんな人が欲しいかが今までよりも具体的になってきたと思います。「どんな人が欲しいかを具体的にすること」を「採用ペルソナを設定する」と本書では定義をします。採用ペルソナが具体的に決まってくると、入社後のミスマッチの防止に繋がることはもちろん、よりマッチングした人材からの応募が期待できるようになるため、採用活動の効率化にも一役買います。では、採用ペルソナを明確にする方法をお伝えしていきます。

第1章　欲しい人材・活躍する人材は「明確」になっていますか？

【採用ペルソナを決める手順①】(「従業員が働く理由」から見えてきた！)

　採用ペルソナを明確にする方法の最初の手順は「従業員が働く理由」をまず明らかにするところから始まります。既に、本章で明らかにしているポイントになります。

　「働く理由の見える化シート」（P.18）を使って、埋めていただいていると思います。

　採用ペルソナを決めていく手順はあまり1人で悩まずに社長直下の採用プロジェクトチームで楽しくワイワイ意見を出し合うことが大切です。また、中小企業の経営者と採用ペルソナを決めるミーティングを実施すると、多くの経営者はスーパーマンを求めます。自分の分身を求めようとします。しかし、そんな人はいません。もし仮に社長と同じような経験やスキル、マインドを持った方がいらっしゃれば、恐らくその方も自身で会社を経営していると思います。当然、高いスキルや豊富な経験があった方がいいに違いないですが、そのような人材はどこの会社とも採りあいになりますし、大手企業も当然、放っておかないでしょう。

　あまり、スキルや経験などにこだわりすぎるのではなく、あくまでも「どんな性格の人がうちに合うのかな」や「できれば阪神タイガース好きがいいな（嗜好性）」等、のような観点でも採用ペルソナを考えていくようにしてください。

【採用ペルソナを決める手順②】(「具体的」に決めていく)

　「従業員の働く理由」からどんな人が当社にマッチするかが明らかになってきたと思います。2つ目の手順では「具体的」に決めていくというステップになります。

　「具体的」に決めるとは、例えば、以下のようなことを決めていくことになります。

出身地・居住地

　出身地や居住地で差別をすることは当然 NG です。あくまでもペルソナ設計上、どこで生まれて、どこに住んでいるイメージかを考えていき

31

ます。例えば、生まれも育ちも大阪なら、「関西弁でコミュニケーションをするのかな」ということがわかります。当たり前なのかもしれませんが、割とこのあたりは大切で、例えば、関西以外の出身地の方からすると、関西弁の「お前はアホちゃうか！」という言葉をとても怖く、厳しく受け取るかもしれません。関西人からすると、「お前、アホちゃうか！」と言われても日常会話なので、この言葉への返答は「お前こそアホやんけ！」となる会話だったりします。

こんなことからギクシャクすることは思っている以上にケースとしてあります。ぜひ、頭の片隅に入れておくようにしましょう。大げさかもしれませんが、「お前、アホちゃうか！」と若手社員に言ったら、パワハラで訴えられるリスクもでてくるかもしれません。

学歴

学歴を見る会社はまだまだ多いと思います。しかし、よく求人を見ていると、応募資格欄に「大卒以上」と特に何も考えないで記載している会社は多いように思います。

お金さえ都合がつけば、高校卒業後、大学・短大に進学することはある意味、容易になってきています。実際に大学・短大への進学率は現状57％（2017年）となっています。容易に入学することができるようになり、大学や短大の授業で「掛け算を教えている」ようなところがあるとニュースで紹介されることもあります。

そうであれば、お金が厳しくて大学進学を諦めた高卒出身者の方にもいい人材が混ざっている可能性は高いと言えます。もし学歴を偏差値でみたいのであれば、大学偏差値よりも高校偏差値などで確認することをお勧めします。頭の中で情報処理をしたり、論理を組み立てたり、もっと単純に言葉をたくさん知っている可能性は、偏差値が高い人の中に出現する確率が高いと思います。

年齢帯

年齢帯に関しては、既存の会社の年齢構成を考えたうえで、戦略的にどの年齢層を採用していくかをしっかりと検討しておくことが大切です。ダイバーシティ経営（人材の多様化）が叫ばれるようになってきて

第1章　欲しい人材・活躍する人材は「明確」になっていますか？

いるので、「今まで以上に年齢を気にせずに、シニア人材も活用していこう！」ということも大切なのですが、今の社員の年齢構成で10年後はどうなっているか等、しっかりと考えたうえで、採用ペルソナとして、何歳くらいの人からの応募が来て欲しいな、と考えておくことは大切になります。

職務経歴

　「どんな会社でどんな仕事をしていたのか」、採用ペルソナを考える上では非常に大切です。あまり固定概念でとらわれすぎずに、皆さんの会社で活躍している方の転職組の履歴書を改めて見てみませんか。意外と、全然関係ないことをやっていた人も多いことに気づかれるのではないでしょうか。

【採用ペルソナを決める手順③】（「ライフスタイル」まで落とし込む）

　さて、採用ペルソナを決める手順の3つ目になります。少しずつ具体的にどんな人に応募して来て欲しいかは明文化されてきましたか。今まではどちらかというと仕事軸を中心に見てきましたが、「ライフスタイル」という軸でも、どんな人に応募して来て欲しいかを考えてみたいと思います。特に新卒を含め、若手社員に対しては、「ライフスタイル」を軸で仕事を探している方も多いので、検討していきましょう。

まずはライフスタイルとは何か

　ライフスタイルとは次のように定義されています。

　「人々の生活様式、行動様式、思考様式といった生活諸側面の社会的・文化的・心理的な差異を全体的な形で表現したことば。当初、その考え方は社会学の分野で使われてきたが、今日ではマーケティングの分野で頻繁に使われるようになっている。マーケティングの分野でこの考え方が導入されるようになった背景には、経済成長志向・物的生活充実志向から福祉社会志向・精神的充実志向へと移行していくなかでみられた、消費者の価値観の変化があげられる。」（出典　株式会社平凡社世界大百科事典　第2版）

今までは良いものはたくさん売れて、良いものの価値観はだいたいみんな共有されていたと思います。例えば、高級車と言えば、ベンツかBMWというのが一般的な理解でした。しかし、最近はベンツやBMW以外のアルファロメオやポルシェなどの外車もよく見るようになりましたね。逆に若者は車への興味は薄れ、別に電車があれば車は必要無いものとなってきています。

ライフスタイル軸を打ち出す

　そして、仕事探しにおいても、この「ライフスタイル」という考え方は非常に大切になってきました。昭和生まれの多くの当たり前の価値観は学校を卒業したら、「会社で働く」でしたが、平成生まれの価値観は「自分がやりたい仕事なら就職してもいいかな」と変わってきています。この価値観の変化に対して、良いとか悪いとかの話をしているのではありません。多様化を認めていくところは認めていかないと、人が採れなくなります。

　「どんな求職者に応募して来て欲しい」もライフスタイル軸をしっかり打ち出すことで、ミスマッチの少ない人材の確保に繋がっている事例が散見されるようになってきました。
　いくつか具体例をあげさせていただきます。人材サービスが提供するライフスタイルの提案サイトの事例も参考になりますので、合わせてご確認ください。

第1章　欲しい人材・活躍する人材は「明確」になっていますか？

採用ペルソナシート

採用ペルソナシート（職種：＿＿＿＿＿＿＿＿＿）
どんな人が欲しいのかを具体的にしましょう！

お仕事の詳細（どんなお仕事ですか？）

採用背景

どんな人が欲しいですか？

①スキル・経験軸　　　　　　　②性格・人物軸

趣味は？　　　　　　　　　　　夢や目標は？

学歴や部活は？　　　　　　　　口癖は？

名前：（＿＿＿＿＿＿＿＿＿＿＿）　出身地：（＿＿＿＿＿）

年齢：（＿＿＿）歳（＿＿月＿＿日生）　血液型：（＿＿）型

座右の銘：（＿＿＿＿＿＿＿＿＿＿＿＿＿＿＿＿＿＿）

休日の過ごし方：（＿＿＿＿＿＿＿＿＿＿＿＿＿＿＿）

家族構成：（＿＿＿＿＿＿＿＿＿＿＿＿＿＿＿＿＿＿）

その他：（＿＿＿＿＿＿＿＿＿＿＿＿＿＿＿＿＿＿＿）

【事例】I LOVE 静岡採用（株式会社アプリイ）

　アミューズメントやアパレル事業等を展開するアプリイでは、「I LOVE 静岡採用」というコンセプトで、インターンシップでは「静岡の美味しいものを食べつくせ！」をテーマにし、新卒採用では「静岡の人口を流出させない」というメッセージとして伝えています。もちろん、静岡以外からの応募も歓迎されていますが、基本的に店舗が静岡を中心に展開しているため、静岡で働くことになると思います。拠点がない中小企業は「転勤がない」ことは当たり前に感じるかもしれませんが、この当たり前を逆手に取ってしっかりと PR することで、静岡の地元志向の強い方にしっかりアピールできている事例です。

　［サイト紹介］　https://uply.hooop.me/branding/
　　　　　　　　　https://uply.hooop.me/internship/

【事例】とにかくたくさんの社員の顔が見える（アロージャパン株式会社）

　神戸に本社を置く、携帯電話ショップなどを展開するアロージャパンでは、ここ直近 60 名を超える新卒採用に成功。非常にユニークな選考方法でも知られる同社ですが、採用ホームページでは多くの社員や職場の雰囲気がわかる動画を用意しています。これは一見の価値があります。

　［サイト紹介］　http://www.telex.co.jp/newgraduates/

【事例】ヤンキーインターン（株式会社ハッシャダイ）

　全国の変わりたいと思うヤンキーを東京に集め、ルームシェア（共同生活）をしながら営業やプログラミングの体験をさせた後、様々な会社に人材紹介をする事業を展開。先ごろ、DMM.com 社の傘下へ。

　ヤンキーインターンとして、NHK「クローズアップ現代」などに取り上げられた実績を持ちます。高校中退や高卒の職業選択の幅が少ないことに着目し、その不満を解決しようと創業メンバーが立ち上げた事業になります。

　［サイト紹介］　https://hassyadai.com/

ライフスタイル軸発見のヒント

　「うちの会社にはそんな特徴がない」とおっしゃる方が意外と多いように思います。しかし、そんなことはないと思います。例えば、読売巨人軍のファンが多ければ、そこにもっとフォーカスして、「月に一度、社員有志で観戦しにいく！」という日を作る。そして、観戦した結果や応援の様子などを採用ブログでしっかりと発信していく。「社員有志で野球観戦に行く日を決めて、みんなで盛り上がっている」ということを何よりも大きく、目立たせることがポイントとなります。採用情報ということで躊躇し、理念やビジョンを先に発信しなければいけないと思うかもしれませんが、160万人の求職者に260万人分の求人票がある状況の中で、他社と同じことをやっていても、求職者に見つけてもらうことは困難だと言えます。

　ライフスタイル軸をうまく法定外福利厚生と絡ませていくことも面白い考え方になります。

　何気ない日常の当たり前になっているところに大きなヒントが隠されていることが多いです。そこをしっかりと見つけ、少し大げさに伝えようとすることが第一歩になります。

　ライフスタイル軸での採用は入社後の早期退職のリスクも軽減できることが多く、共通の趣味やライフスタイルで仕事以外のコミュニケーションが円滑になることで、人間関係の形成がしやすくなり、仕事面でのコミュニケーションにもよい影響が出ることが多いと考えられます。

【採用ペルソナを決める手順④】（「プロフィールシート」を仕上げる）

今までの手順にそって、採用ペルソナをプロフィールシートにまとめていきます。欲しい人材像が明確になっていくことで、「応募者の集め方は今まで通りの方法でよかったのか」や「発信するメッセージはどうすればよいのか」等も具体的に決まってきます。一度しっかりと決めた後は、どの条件やライフスタイルまでのマッチングを選考で通過させるか、内定を出すか等の点にも踏み込めます。また、作成したプロフィールシートは社長を含め、採用に関わるスタッフでしっかりと共有していきます。

・欲しい人材・活躍する人材を明確にするミーティングのやり方

採用ペルソナを決める手順は上記まででご説明させていただきました。以下では、実際に採用ペルソナを決めるミーティングの実施方法について説明していきます。社長直下の採用プロジェクトチームは既に出来上がっておりますので、採用ペルソナを決めるミーティングも採用プロジェクトチームが検討・決定していく事項になります。

今後は採用プロジェクトリーダーが中心となって、議論していくことになります。

①採用プロジェクトリーダーは採用プロジェクトメンバーに採用ペルソナを決めることの重要性を説明する

採用ペルソナを決めることの重要性とミーティングの目的を改めて説明をします。前向きで未来志向の打合せということもしっかりと説明するようにしてください。

②採用ペルソナを決めるミーティングのルールを順守させる

以下が採用ペルソナを決めるミーティングのポイントになります。
- 柔軟な発想やアイデアをしっかり認めること
- でてきた意見に対して、批判しないこと
- 前向きに、どんな仲間に来て欲しいのかを真剣に考えること
- 凝り固まった発想から脱却すること
- 新卒などポテンシャルが重視される場合は若手社員も参加させること
- 中途採用など募集職種が多い場合は職種ごとに実施すること

第1章　欲しい人材・活躍する人材は「明確」になっていますか？

特に以下の点は注意してください。
- 新卒など若手社員を採用したいと思っているのに、その場に40歳以上しかいない
- 発言力の強い1人が言った意見に全員で流される
- 他の仕事をしながら、会議に参加する
- だらだらと長時間実施する（理想は90分〜120分で決めきる）

　社内で上記のルールを遵守させることが難しい場合は、いつも利用している求人代理店の営業マンや採用コンサルタント（採用ブランディング系）など第三者をオブザーバーとして実施することも望ましいです。

③議論する項目は以下の通り
- 従業員の働く理由の結果を受け入れる

　「うちの社員はこんな理由で働いてくれているんだな」ということを参加者で素直に受け入れることが大切です。間違えても、「こんな理由で働くなんて、けしからん！」という意見を発してはいけません。

- 従業員の働く理由からキーワードを検討する

　具体論が多ければ、少し抽象的なグループを作るようにしましょう。
　例えば、「野球同好会が楽しい」「フットサルを社内でやっています」「年に1回のアウトドア大会が待ち遠しい」、このような意見が多ければ、「カラダを動かすことが好きな社員が多い」というようなグループを作っていきます。

- 具体的に決めていく

　あらゆる意見をまずは尊重しながら、欲しい人材の年齢や学歴など具体的に決めるポイントを話し合います。短期的にどんな人が欲しいのか、また、10年後なども踏まえて、年齢構成など組織構成も考慮する必要があります。ポイントは、採用したい部門の希望だけを聞くとスーパーマン的になんでもできる人という希望になってしまうので、「今いる職場では誰？」等を考えながら、議論するようにしましょう。

・当社のライフスタイル軸について議論する

　中小企業においては、このポイントも非常に大切です。「うちの会社らしさって何だろう」ということを仕事の中だけの発想じゃなく、参加者で出し合うことが大切です。多少、雑談にそれても構いません。また、社内アンケートの回答結果を共有することで、意外な共通項などが見つかると採用ペルソナを決めるミーティングも盛り上がります。

・採用ペルソナシートを仕上げる

　ここまでの議論の中で、「従業員が働く理由」が明確になり、欲しい人材を具体的に定義し、また、どんなライフスタイルをしている人材かまで明らかにしてきました。仕上げとして、採用ペルソナシートの作成へと進めていきます。

④「採用ペルソナを決めるミーティング」の様子を撮影し、ブログへアップする

　このミーティング自体も写真を撮ったり、ミーティング終了後には動画で感想を撮ったりして、求職者に発信していくことが大切です。この会議の中では、まさにどんな人と一緒に働きたいかを真剣に楽しく議論している場になります。求職者にこのやりとりをオープンにすることで、明るい印象を与え、「マッチングしそうだな」、または「私には合わないかな」という判断がしやすい情報発信になります。

　どんな人に来て欲しいかを明確にすることは勇気がいります。理由は求職者のターゲットを狭くするからです。狭くすることで、応募が減ったように思います。しかし、採用活動の目的は定着し、活躍する人材を採用することです。「応募者をたくさん集めないといけない」という錯覚を忘れることも大切です。

・欲しい人材が決まれば、採用をブランディングできる

　採用したい理想像である採用ペルソナが明確になりました。次のステップとしては、この採用ペルソナに刺さるメッセージや露出方法な

第1章　欲しい人材・活躍する人材は「明確」になっていますか？

どを検討する流れになります。これらを検討するにあたり、上位概念として、「採用ブランディング」を検討することが大切になってきます。その前にまず「ブランディング」の説明をさせていただきます。ブランディングとは「共通のイメージをユーザーに持たせる手法の総称」となります。具体的には、例えば、「早く食べられて、安くて美味い丼ぶりは？」と考えると、「吉野家」をイメージする人が多いと思いますが、これがブランディングとなります。

採用ブランディングとは

　採用ブランディングとは、ブランディングという言葉を採用で考えるとどうなるかということで、造語のように昨今は使われるようになったものです。簡単にいうと、「自社の価値や信頼感を高め求職者に『この企業で働いてみたい！』というファンを増やし、採用を活性化するための手法」と言えます。採用ブランディングが明確になることで、既に解説した「ライフスタイル軸」のような採用ブランディングをしていくことも可能となります。

採用ブランディングの検討

　採用ブランディングの検討に関しては、既に「採用ペルソナが明確になっている」、また、採用ペルソナを明確化する過程ででてきた「あなたの会社で働く理由」などをベースに検討していきます。検討ポイントは3つあります。

①採用ブランディングのアイデンティティ

　これは普遍的なブランド価値やイメージそのものとなります。時代や状況によって変わってはいけないものになります。そのため、経営理念などに基づいて構築されている人事ポリシー、ミッションなどとの紐づけになります。

②抽象的な採用ブランディングのメッセージ・コンセプト

　採用ブランディングのアイデンティティをベースにしたメッセージやコンセプトになりますが、こちらは行動指針などとの紐づけになります。

41

行動指針をベースに、求職者に伝わるメッセージにしていくことがポイントになります。余談になりますが、行動指針が既存社員にしっかりと浸透していないと感じられる場合は、ちゃんと伝わる内容になっているか改めて点検していくことが重要です。点検のポイントは「抽象度が高すぎるメッセージになっていないか」や「唱和で記憶させるのではなく、出来事・事象で共有し、体験させているか」などがポイントになります。少し話がそれてしまいましたが、求職者にも伝わるメッセージに落とし込むことを意識してください。

③採用ブランディングを可視化する

採用ブランディングの言語化に成功しても、実際に可視化しなければ、求職者には伝わりません。どのような会社の採用ホームページを作るのか、動画や会社パンフレット、合同会社説明会のブースはどうしていくのか？ 細部までしっかりと採用ブランディングを再現性のある形で表現できることが大切になります。採用ブランディングを可視化する中で特に大切なツールは、会社の採用ホームページになります。会社の採用ホームページは、社員領域の求職者の場合はほぼ面接前に確認をしますし、質の高い求職者ほど応募前の検討材料として目を通しています。採用活動をしているにも関わらず、会社のホームページから採用情報をクリックすると、「現在は募集をしておりません」と一文だけのメッセージが掲載されているようなことだけは避けるようにしましょう。

また、求職者の仕事探しはアルバイトも社員も 80％以上がスマホで行っています。そのため、会社の採用ホームページもスマホ対応していることが重要です。スマホでパソコンタイプのサイトが見られることを指しているのではなく、レスポンシブル対応と呼ばれる、自動で各端末に合わせて、最適な画面表示をする手法での採用ホームページを作ることが望ましいです。次章で詳しくお伝えしていきます。

第1章 欲しい人材・活躍する人材は「明確」になっていますか？

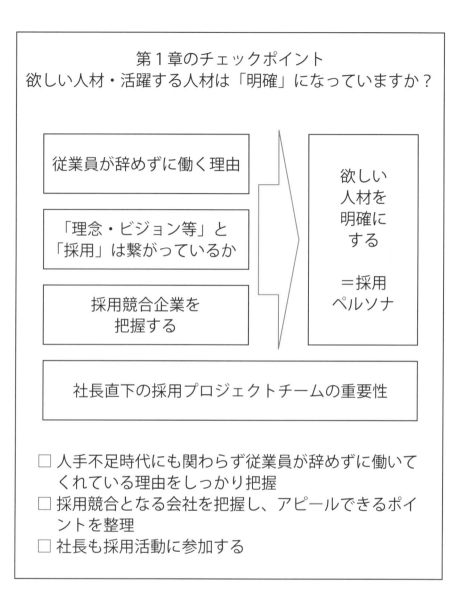

第2章
今よりお金をかけずに欲しい人材を集めるマル秘テクニック

（1）採用活動で「必要なツール」の確認

（2）「応募者を集める」を分析する

（3）大手求人広告の Web プロモーション戦略を知る

（4）今、注目の「Indeed」を正しく活用する

（5）「採用ブログ」の威力

（1）採用活動で「必要なツール」の確認

・会社の採用ホームページの重要性

「誰でもいい」から「誰が欲しい」のかを明確にすることを採用ペルソナと呼ぶことは既に本書で定義しました。ではこの採用ペルソナをどうやって集めるのか、について本章では解説していきたいと思います。

今注目されている方法の1つが「会社の採用ホームページをプロモーションすること」で求職者を集めるというやり方になります。巷ではダイレクトリクルーティングやオウンドメディアリクルーティングなどと言われることもあります。なぜこの手法がよいかというと、会社の採用ホームページをまず用意する必要がありますが、会社の採用ホームページは求人広告の表現上の制約を受けることもないので、より自由に表現することができます。

求人広告の場合は文字数であったり、写真の掲載数だったり、テキストの表現だったり様々な制限を受けますが、会社の採用ホームページの場合、当然、そのような制限は関係がありません。そのため、しっかりと求職者にアピールすることができます。実際に会社の採用ホームページ経由で採用できている会社にヒアリングに行くと、「ミスマッチが減った」というお声をいただくことが非常に多いです。

また、最近では求人広告で求人を見て、面接が入った時には会社のサイトや会社の採用ホームページを見るケースが多いです。その際に、「情報が少ない」や「スマホに対応」していなければ、求職者によい印象を与えることが難しくなってきています。この理由は採用競合はやっている可能性があるからです。採用競合の会社はしっかりとスマホ対応され、働くイメージが持てるサイトがあれば、求職者も、そちらの方がよい会社に見えてしまいます。

ここでは、理想の求職者が関心を持つ会社の採用ホームページについて解説していきます。多くの会社では会社のホームページの中に「採用情報」のコーナーがあると思います。もし会社のホームページを比較的自由に社内のスタッフで更新作業などができるのであれば、現状の「採用情報」の

ページの見直しをかけてもよいのですが、そのようなスタッフがいない場合でも、「会社の採用ホームページ」を無料で簡単に作れる方法がございますので併せてお伝えさせていただきます。

・なぜ、会社の採用ホームページが必要か

　なぜ、会社の採用ホームページが必要か。その理由はとても単純です。ここまでにどんな人材が欲しいかを明確にしてきました。また、採用のブランディングを決めました。その情報をしっかり求職者に届けるツールとして、効率的なツールが会社の採用ホームページになります。

　求職者が面接前にどんな会社かしっかり調べる際に、また、入社意思決定をする前に、家族と相談する際になど、会社の採用ホームページでしっかりとアピールできている会社とできていない会社があるとすれば、しっかりアピールできている会社の方が安心してもらえる可能性は高くなります。また、会社のホームページと採用ページは分けて作成することをお勧めします。この理由はホームページを見に来る人が大きく異なるからです。売上を上げてくれるお客様とお仕事を探す求職者では、ホームページを見る観点が異なります。訴求するポイントが異なりますから、別に作成することで Google などの検索エンジンで上位検索表示される評価も上げやすくなります。

会社ホームページと会社の採用ホームページの比較

会社 ホームページ	比較	会社の採用 ホームページ
顧客を集める	目的	求職者を集める
□顧客（候補） □競合会社 □求職者	誰が 見るか	□求職者 □求職者の親等 □競合会社
商品やサービス 効果・効能 使い方 利用者の声 購入の仕方 会社概要　など	どんな 情報が 必要か	会社ビジョン 社風 仕事内容 先輩の声 給料・福利厚生 応募の仕方 求人票 会社概要　　など

・会社の採用ホームページに何を載せるのか？

　会社の採用ホームページに何を載せるのか？は採用のホームページとして独立させることで、多くの情報を求職者に発信することができるようになります。お勧めのサイト構成は次の通りです。

①ホームページ構成

　サイト構成は次のようなものが一般的になります。

　会社の採用ホームページのトップページは、「経営理念・人事ポリシー」「会社概要」「仕事説明」「既存社員紹介」「人事制度・福利厚生」「人事データ」「募集要項」「エントリー方法」の説明ページで構成していきます。各関連する説明ページを相互にリンクを貼ることで各ページが有機的に繋がるようになります。

②トップページ

　経営理念などをベースに作成した、採用ブランディングのアイデンティティのポイントで決めた強いメッセージをしっかりと発信します。続いて、どんな社員が働いているのかがわかるよう社員の顔を出します。その他は、各ページへ誘導するためのバナーとなります。

③経営理念・人事ポリシー

　ここでは、求職者に対して、創業経緯、経営理念やミッション、ビジョンをわかりやすく伝えるとともに、そこから落とし込んだ人事ポリシーについても触れるようにしていきます。人事ポリシーの中には行動指針や行動規範も盛り込み、それぞれについても解説していきます。決して難しく伝えるのではなく、それぞれのメッセージが生まれた背景や想いをわかりやすく伝えることが大切です。このメッセージに共感した求職者が増えれば増えるほど、あなたの会社は必ず強い会社になります。

④会社概要

　会社概要に関しても通常の売上を上げるお客様へ発信する目線ではなく、あくまでも求職者にとって志望動機が持てる内容にしてください。

特にBtoBのサービスをされている会社では、求職者にとってイメージしにくいことが多いので、丁寧に伝えることを癖づけてください。

ポイントとしては、シェアが高い場合はその点にも触れてください。求職者に長く働ける、活躍できると思ってもらえるようにしっかりとアピールをしてください。ベンチャーであれば、直近の成長率などもわかるようにしてください。できるだけ売上や従業員数も包み隠さずサイト上で公開することをお勧めします。

また、中期経営計画などを立てている場合などは、目標数字などを入れることで求職者に対しても前向きに伸ばそうとしている会社だということを伝えることができます。

エクセルの表のような形でいわゆる普通の会社概要をいれるだけではなく、求職者に「この会社はおもしろそうだな」と思ってもらえる仕掛けをいたるところに入れることが重要です。テクニックとしては、できるだけ具体的な数字をしっかりと記載することで、求職者はイメージしやすくなります。

⑤仕事説明

仕事説明は複数の募集職種がある場合などは特に職種ごとに仕事の説明を入れるようにしてください。「既存社員の紹介」や「募集職種」の紹介のページと併せても構いません。ポイントは未経験者が読んでもわかることが大切です。

⑥既存社員紹介

既存社員の紹介は、できるだけ顔写真や職場の雰囲気がわかる写真を付けて作成するようにしてください。理想は各世代や職種・役職ごとに満遍なく載せる、または思い切って全社員のページを作成してください。サイトの遷移としては、トップページから既存社員紹介ページ、そして、各個人紹介ページへと遷移させる流れになります。

また、社員紹介の記載ポイントは以下を参考に作成してみてください。

・配属部署、役職、名前（ニックネームでも可）

・入社年次

・新卒採用か中途採用か

- どんな仕事をしているか
- 将来の目標は何か
- 趣味
- 応募者へのメッセージ
- 写真数枚

⑦人事制度・福利厚生

　経営理念やミッション、ビジョン、行動指針などをベースにした人事制度や福利厚生等を説明するページとなります。特に自分の会社のらしさが表れているところはしっかりと説明をするようにしてください。福利厚生では、法定内福利厚生だけでなく、法定外福利厚生などで特色のあるものがある場合は、ぜひ記入してください。例えば、「隔月で会社負担社内ゴルフコンペがある」や「３年に１回は社員旅行で海外へ」等です。法定外福利厚生に関しては、しっかりと説明したうえで、積極的に参加したいと思える方が入社することで、定着にも当然繋がる結果となります。

　また、「従業員がまだ少ない」や「設立間もない」などの理由で人事制度がまだしっかりと構築・運用されていない場合は、その旨をしっかりと説明をすることで共感をもってもらいやすくなります。改善するべきところは今後しっかりと改善していき、今できていないところに関しては、課題に感じていることを伝えることが大切です。

⑧人事データ

　数字で会社の人事データを表すことも大切です。具体的には以下のような数字データを出すことが望ましいです。

- 従業員数および平均年齢、男女比、新卒と中途の割合
- 有給消化率
- 育児休暇、産後休暇、介護休暇の取得実績の有無
- 平均勤続年数（設立が短い場合には入社１年以内の定着率等）
- 平均年収やモデル賃金
- 管理職のうち女性比率や女性比率が低い場合には今後どのようにしていきたいか　など

第2章　今よりお金をかけずに欲しい人材を集めるマル秘テクニック

　その他、会社のらしさがわかる数値データがあれば積極的に公表するようにしてください。

⑨募集要項

　募集のお仕事を案件ごとに各お仕事の詳細ページ（求人原稿）を作成するようにしてください。サイトの遷移としては、トップページから募集要項のトップページ、続いて、各お仕事の詳細ページとなります。募集要項のトップページでは募集案件の一覧表がでるようなページをご用意ください。各お仕事の詳細ページの作成のポイントは、過去に有料の求人広告メディアに掲載したことがある場合にはその時の求人原稿を参考に、単にスペック情報だけを記入するのではなく、広告的な要素もしっかりと盛り込み、このお仕事の詳細ページだけを見ても応募したくなるように作成することが大切です。この理由は会社の採用ホームページのプロモーションを例えば、Indeed（P.80で詳細解説）で実施する際には、会社の採用ホームページのトップページにリンクされるのではなく、この募集要項の各お仕事の詳細ページへのリンクとなります。そのため、この詳細ページの作りこみは大切になります。

⑩エントリー

　エントリーとは求職者が各お仕事の詳細ページを見て、応募の手続きをすることを指します。各お仕事の詳細ページの中に、応募手続きをするエントリーフォームがあることが望ましいです。ここでのポイントとしては、求職者はスマホで募集要項を見ている可能性が高いということです。そのため、応募手続きの際にたくさんの質問をしてしまうと、応募せずにページを閉じてしまう可能性があるということです。志望動機や履歴書に準ずる内容や職務経歴等を確認したいことは重々承知をしておりますが、ここではぐっとこらえて、求職者にその後連絡がとれる内容に絞ることをお勧めします。

　つまり、お名前、電話、メールアドレス、生年月日程度の情報で問題がないということです。応募手続き後、求職者に連絡が取れる情報さえつかめれば問題ありません。これさえ押さえれば、「履歴書や職務経歴書を郵送してもらう指示をメールでする」や「そもそも電話をすること

51

ができる」ということになります。先に志望動機を聞こうとしてページを消されては、もう二度とこちらから連絡を取ることができません。

このような会社の採用ホームページを作成しておくことで、求職者は事前に御社のことを調べることもできますし、会社側も自信をもって志望動機の確認や面接案内の中に、会社の採用ホームページを必ず見てくるようにと指示することができるようになります。結果的に、あなたの会社をある程度理解した、質の高い求職者からの応募が来るようになります。

・Jimdo 等を利用すると、誰でも無料で会社の採用ホームページが作成できる

会社の採用ホームページは、特に大手企業を中心に毎年作り替えているところもありますが、中小企業の場合は会社の採用ホームページをしっかりと育てていくことが大切です。育てるとは、会社の採用ホームページの中にブログ機能も設け、ブログを発信し続ける等をすることで、ページ数を増やすことを指します。こうすることで、Google などの検索エンジンの評価を高めることができます。また、ホームページ制作会社にお願いをすることが多いとは思いますが、思い切って自社で作成することをお勧めします。

そんなことできるはずがないと思われる方も多いと思いますが、サイトを簡単に作るサービスがいろいろと登場しています。昔のようにプログラミング等をすることなく、スマホに対応した、ブログ実装もしているサイトが簡単に作れるようになりました。

実際に簡単に会社の採用ホームページを作れるサービスをいくつかご紹介させていただきます。

Jimdo（ジンドゥー）　　　https://jp.jimdo.com/
「Jimdo（ジンドゥー）」は専門的な知識が無くても、簡単に気軽にさらに低コストにてホームページを作り、更新していくことが可能なオンラインホームページ作成サービスとなります。日本においては株式会社KDDI ウェブコミュニケーションズが運営しています。

第2章　今よりお金をかけずに欲しい人材を集めるマル秘テクニック

　大規模な Web サイトや、複雑な処理が必要なホームページを作ろうと思うと Jimdo ではできないこともありますが、会社の採用ホームページであれば Jimdo で問題なく作ることができます。Jimdo はプログラミングの必要なく、ブロックを組み立てるようかのように直感でホームページをつくることができます。

　余談ですが、当社、採用定着実践会のホームページ（https://www.ar-consulting.net）も Jimdo を利用し、システムに関して素人の著者が作成し、日々更新をしているサイトになります。有料版にしているため費用がかかりますが、年間 1 万円程度です。

　作成方法は Click & Type で、直感的な操作でできます。Web ブラウザ（インターネットエクスプローラー、Firefox、Safari など）上で作成、編集していく作業になります。

　イメージは一般的なブログができる方なら操作も簡単にできます。さらに、ブログの設置もスグにできます。ブログを設置し、コツコツと更新することで、Google からの評価も高めることがもちろん可能となってきます。

Wix（ウィックス）　　　https://ja.wix.com/

　Wix も世界中で使われている Jimdo と同様のサービスでシェアを分け合っているサービスになります。有料版にすると Jimdo より若干高いですが、それでも年間で 15,000 円程度です。Jimdo よりデザインテンプレートが多い点がメリットになります。

　豊富なデザインテンプレートを使って、しっかりとこだわって会社の採用ホームページを作成されたい場合には Wix を選択されることをお勧めします。

　ただし、デザイン面をいくらきれいにしても、大切なことはしっかりと更新し採用ペルソナに向けて役立つ情報発信をし続けることですので、その点は十分ご理解ください。

ペライチ　　　https://peraichi.com/

　ペライチとはその名前の通り、1ページで完結させるサイトを簡単につくることができるサービスになっています。専門用語でいうとランディングページと呼ばれるサイトになります。1ページでしっかりと訴求することをまとめていく場合にはお勧めです。例えば、新卒に特化したサイトをペライチで作成するなどはおススメです。

　操作も非常に簡単で決まっているフォーマットに写真を挿入したり、テキストを記入していくだけで、1枚モノの採用ホームページを作成することができます。

無料のホームページ作成サービス

	Jimdo	Wix	ペライチ
運営	日本では KDDI 系列	Wix.com ※イスラエル	株式会社ペライチ （東京）
ページ数	制限なし		1ページで表示
採用ホームページでの使い方	一般的な 会社の採用 ホームページとして		インターネット広告等で拡散する
有料版	□独自ドメインでの作成 □ページの複製 □容量アップなど		

詳細は各社サイトよりご確認下さい。

・会社説明会用パワーポイント

　会社説明会用のパワーポイントは重要なツールになります。その理由は求職者に会社のプレゼンテーションをする際に「質の均一化」ができるからです。また、例えば飲食店の店長がアルバイトの面接をする際でも、パワーポイントの資料があればお店のことを魅力的に伝えられるようになります。その点からもしっかりした会社説明会用パワーポイントは作っておく必要があります。

　パワーポイントの流れとしては、次のようなものがオーソドックスになります。

　①会社の理念・ビジョン
　②どんな業界でどんな事業をしているのか（業界の説明や市場規模、シェア等を具体的に）
　③どんな仕事をするのかを具体的に説明（募集職種）
　④実際に働いている人の声
　⑤人事制度や福利厚生の説明（どんな情報も隠さず数字で出すことをお勧めします）
　⑥求める人物像（抽象的に書くのではなく具体的に書くこと）
　⑦会社概要
　⑧今後の応募の流れ

・採用チラシ

　こちらも効果的なツールになるので、ぜひ作成しましょう。合同会社説明会での配布資料になるのはいうまでもなく、学校への説明会の際にもチラシは役立ちます。先生やキャリアセンターに配っていただくようお願いできるかもしれません。また、飲食店などを経営されている場合は募集要項を書いたチラシをレジ横などに置いておくこともお勧めです。

・合同会社説明会

　合同会社説明会は直接求職者に会えるイベントということで、非常にお勧めできる採用手法の一つとなっています。参加費は決して安くないですが、未経験の営業担当者を複数採用するような場合には効果が期待できま

す。しかし、この合同会社説明会ですが、しっかりと準備をしていくことが必要となります。理由は他の参加企業が、この場においては全て競合になるからです。そのため、戦略や戦術を持たずに参加すると、誰も席についてくれないという結果にもなりかねません。自分たちの出展ブースの席をどのように求職者で埋めるのかをしっかりと考えておく必要があります。その中でも必須アイテムがいくつかあるので、説明をしていきます。

最低限準備しておくアイテムは4つになります。全て作っても15万円程度しかかかりません。一度作っておけば、当分作らなくてよいので、ぜひこれらのアイテムは準備しておきましょう。ただし、「採用ペルソナに刺さる」や「採用ブランディング」したことをきちんと反映させないと意味がないので、デザイナーにしっかり頼み、1回でいいものを作るようにしましょう。

①正面タペストリー
　　一目でワクワクするような、面白そうな会社だと伝えるための最も目立つ看板になります。
②テーブルクロス
　　テーブルクロスからもロゴなどがしっかりとアピールできるようにしておくことが必要です。単に白いテーブルクロスだけではインパクトが足りません。
③Tバナースタンド
　　いわゆる立て看板になります。メッセージをしっかりと発信することができます。
④椅子カバー
　　パイプ椅子が椅子カバーをすることで、一気に訴求力が高まる武器に変わります。

その他お勧めのツールとしては、共通のTシャツやポロシャツです。これは会社オリジナルのデザインで作ることをお勧めします。これだけでも合同会社説明会の中でひときわ目立ちます。また、一体感がある、仲が良い会社という印象を持たせやすいツールになります。こちらも1枚1000

第2章　今よりお金をかけずに欲しい人材を集めるマル秘テクニック

円〜 2000 円程度ですので、ぜひ作ることをお勧めします。

　そして、最後に合同会社説明会で最も必要なモノなのですが、それは参加するスタッフそのものです。例えば、若い社員が欲しいと言っているのに、年配の社員が対応していてはやはりこの場では勝てません。もし自社に若い社員がいない場合などは、例えばコンパニオン派遣会社等で呼び込み要員を頼む等もよいと思います。とにかく、参加している求職者の立場になって、参加者がどんな会社だったら話を聞いてもいいと思うかな、ということを真剣に考えて、他の参加企業よりも目立たなければいけません。このようなことが苦手な場合は、逆に言うと合同会社説明会はお勧めしません。他の採用の勝ちパターン構築を考えることをお勧めします。

・動画の重要性

　最後にこれから必要なツールとして間違いなく挙がるのは採用動画になります。会社に 1 人ユーチューバーをつくり、会社の YouTube チャンネルを持つくらいのことを今から始めていくことも、会社の採用や広報を考えると真剣に検討をしてもよいレベルになってきました。

　まずスタートとして、採用動画はぜひ作られることをお勧めします。カッコイイものを大金はたいて作る必要性はありません。しっかりと社長のメッセージや社員の顔が見える、イキイキと働いていることが伝わればいいです。動画の中で何を伝えるかが重要で、一生懸命社員で作っているものであれば、それはそれで必ず味が出ますし、それでいいと考えています。最近は、スマホで動画編集ができるような若い社員もいると思うので、このような編集が得意な社員を見つけてお願いしてみてはいかがでしょうか。

　一度動画を作っておくと、会社説明会で流したり、面接の最後に見せたりなど用途は広がります。友達紹介制度でアルバイトを集める時も、動画の URL を送ることで、雰囲気を伝えることもできると思います。動画で見るのは文字を読むよりも圧倒的な情報量を相手に届けることができるので、ぜひチャレンジしてみてください。

57

（2）「応募者を集める」を分析する

　売上を上げる方法や営業マンの管理では、数値管理やプロセス管理を
しっかりとされる会社も多いと思いますが、採用に関しては多くの会社が
数値管理やプロセス管理をされていないようにお見受けします。採用業務
においても数値管理やプロセス管理をすることで、どの段階での歩留まり
率が悪いのか、どこのフローを改善すればよいのかがわかってくるように
なります。ここでは「応募者を集める」というステップをしっかりと見て
いきます。

・求職者はどのような動きで、求人に応募するのか

　求職者の視点に立ち、求人を探す流れを考えてみたいと思います。

①スマホの Google の検索窓に「エリア名　キーワード　求人」等と検索をする

　例えば、「大阪　営業　求人」などのようなイメージになります。ち
なみに、余談ですが、転職サイトのアクセスであってもスマホ経由の検
索が 80％を超えていると言われています。また、直接、Google の検索
窓に求人広告メディア名を入れて検索する求職者は 20％〜 30％程度と
推察できます。

　これは例えば、出張や旅行先などでご飯を食べに行くときに、「名古
屋　居酒屋　名物」などと検索するのとまったく同じ流れになります。

②①の検索結果の上位から良さそうな情報を見つけクリックする

　Google の検索結果から自分に合いそうな文言などが書かれているサ
イトをクリックし、サイトの中にはいります。求人系で検索すると、こ
の検索結果は多くの場合、求人広告のサイトが上位検索結果を抑えてい
ます。そのため、求人広告を直接入力していなかったとしても、検索結
果に CM で知っているサイト等があれば、思わずクリックしてしまう可
能性というのは当然上がります。

③求人広告の中から自分に合いそうな求人を探し、求人広告を見る

　自分の希望に合いそうな求人広告の中から探し、もっと詳しく求人広告の内容を見るために、詳細情報を確認します。

　求人広告は掲載企業へのレポートで「詳細画面をページビュー」されたと表現します。また、求人広告の原稿ページを見られることを1PVというカウントをしています。

④求人原稿を確認して、応募する

　求人原稿を確認して、「希望通りのお仕事」や「やってみたいと思う仕事」だった場合は「応募する」というステップになります。ここでは「電話による応募」と「ネットによる応募」の2つに分かれることが多いです。アルバイトやパート、派遣などは電話もまだまだ多く、正社員系の場合はネットでの応募が主流です。

　皆さんの会社の応募をするまでに、このようなステップを踏んでいることになります。もちろん、この流れを考えると他社と比較（競合）していることもわかります。

　では、求職者は上記のような手順で求人に応募をすることがわかりましたが、具体的に応募者を集めるためには何をしていけばよいかを見ていきます。

スマホで仕事を探す時代

・欲しい人材が応募したくなるテクニック

変化を打ち出す求人へ

　「求職者が求人を見て、応募してくれるかどうか」の歩留まり率を高める方法は、既に解説している採用ペルソナに対してメッセージを発信することです。何度も言いますが、「誰でもいいから応募してください」というスタンスでは、結局は誰にも応募してもらえないということになります。また、仕事軸だけではなく、例えば、「休みの日は一緒に野球やりたい人にお勧めの会社です」など、ライフスタイル軸をしっかりと表現することや「ここで働いたら、私は○○に変われる」と思っていただくことも大切です。

　求職者に対して、求人の中で給料や福利厚生だけで勝負をしてしまうと条件が良い会社に流れてしまいます。給料や福利厚生のような数値で測れるものではなく、「うちの会社で働いたら、３年後には広告業界に関しては得意げに語れるようになっているぞ！」等というような近い将来、「具体的に見える景色」を求人の中で提案することが大切です。

　求人はある意味、広告です。求人を見て、求職者はその仕事に応募しようかどうかを判断します。日常で広告はモノを売るための宣伝活動です。広告ではテレビCMなどを使い商品を買ってもらうために打ち出します。その中で注目を集めた広告を見てみると、顧客に変化を提案しているものが有名になっていることがわかります。例えば、わかりやすい事例はRIZAPです。「結果にコミット」というメッセージと、太っている人が健康的な体に変化したことを打ち出しています。サービスを受ける価格などは打ち出されていないことがわかります。この考え方が大切です。他のフィットネスクラブの広告では「プールあります！」や「月会費が8000円です」などを訴求しています。

　多くの会社は求人の中で給料や福利厚生を一生懸命伝えます。そうすると、条件のよい求人に求職者は流れます。そうなると大企業に中小企業は勝てません。そうではなく、「うちの会社に入ったら○○に変われます」「うちの会社でがんばったら、○○な景色が見えるようになります」という変化をしっかりと打ち出すことが大切です。

「求人を見る」→「応募する」の確率を考える

この数値を「応募率」と通常呼びますが、大手の求人広告の場合、アルバイトも社員も概ね0.5％程度の応募率で推移していることが多いです。もちろん、職種やエリアにも大きく左右されます。0.5％だとすると、1000人が求人を見ていたら5人が「個人情報をWeb上で送る」か「電話をかける」というイメージになります。応募率に関して、大切なことは2つあります。1つは同業や採用競合の応募率が何パーセントくらいかを求人広告会社の担当営業に聞くなどし、情報収集を心がけることです。もう1つは自社の今までの応募率の数字を確認することです。これまでの応募率が1％なのに今が0.5％だとすると、どこが悪くなったのかなどを確認することが大切です。

応募率を上げるための具体的なテクニック

応募率を改善する施策をここでは解説していきます。

①採用ペルソナの設定

基本は誰へのメッセージなのかを明確にするところから始まります。既に解説しているので自信のない方はぜひもう一度ご確認ください。ポイントは「誰でもいいから応募してください」ではなく、「求める経験軸」や「ライフスタイル軸」などで希望の人物タイプを明確にすることが大切だということです。

②求める経験をスーパーマンにしない

採用ペルソナを決めて、「誰でもいいから応募してください」という求人の出し方をしないことをご提案させていただきましたが、逆にスーパーマンもいないことはしっかりと押さえてください。

例えば以下をご確認ください。月給が25万円だとします。
【求める経験】以下が必須条件となります。
・大卒で工学部か機械工学部
・自動車の設計の経験を5年以上お持ちの方

・英語によるコミュニケーションができること

・経営感覚をお持ちの方

　このような経験をお持ちの方で月給25万円という給料条件で募集しても、なかなか応募を集めることは難しいと思います。もちろん、圧倒的な特徴があれば可能性がゼロではないと思いますが、それは特殊事例だと思います。スーパーマンを求めすぎず、ある意味、身の丈に合った採用ペルソナにしておかなければ、誰からも応募が来ないという状況になります。

③自分たちの当たり前の言葉を使わない

　未経験者を募集しているのに求人原稿の中に専門用語がたくさん並んでいると難しそうに感じ、求人内容が理解できないから、応募に至らないということになります。よくやってしまうのですが、自分たちが日常的に使っている言葉の中にもたくさんの専門用語が入っている点にぜひ注意してみてください。

　例えば、製造業でいうと「4勤2休」という働き方があると思いますが、単にこの言葉だけだと、実際に働くイメージはつきにくいです。具体的に「4日間連続で昼間時間の勤務をし、2日間休みを取り、次の4日間は夜勤シフトの勤務となります」等しっかりと求職者がイメージできるようにすることが大切です。お勧めは業界とは関係のない友達や家族に求人原稿を一度見てもらうことです。それを見て仕事がイメージできるかどうか、難しいと感じた表現はないかを確認することです。

④給料条件を逃げないで正しく書くこと

　最もダメな事例は給与条件の記入欄に「委細面談にて」と書くことです。給与条件も逃げずにしっかりと記入しましょう。求人広告を利用する場合は各社の規定があり、その規定を守る必要がありますが、会社の採用ホームページであってもしっかりと記入することをお勧めします。

第2章　今よりお金をかけずに欲しい人材を集めるマル秘テクニック

例えば、以下を比較してみてください。

① 【給与】20万円〜40万円（経験により決定）

② 【給与】未経験者：20万円〜25万円

　　　　　　　（年齢により当社給与テーブルを考慮し決定）

経験者：23万円〜30万円（経験を面接で確認いたします）

　経験を積み、役職が上がると、月給40万円等に給与もあがります。また、人事制度を構築しており、評価も公平・透明性を大切にしています。

　どちらの給与条件の会社に応募したいと思いますか？　どちらも同じことを伝えている可能性はありますが、具体的に書かれることで、求職者がイメージできることが大切です。

⑤通勤方法をしっかりと書く

　通勤方法をしっかり書くことも大切です。仕事探しではどこのエリアで働くかも大切な軸になります。そのため、最寄り駅がいくつかある場合は、全てを求人の中にも入れることが大切です。また、バス停が近くにある場合はその情報も必ず入れるようにしてください。そして、そのバスはどこからどこを走っているのかも必ず押さえてください。日常的にバスで通勤する人はまだ少ないと思いますが、乗りなれていない人はバスという通勤手段を見落としがちです。

　また、自動車通勤やバイク、自転車通勤が可能な場合も必ず書くようにしてください。駐車場が有料の場合やガソリン代の支給条件なども　しっかりと書くようにしましょう。

　また、具体的に「どのエリアの人が通勤しているか」のような情報もよい情報になります。「あ、意外とあそこからも通勤できるのだな」という感覚があると、求職者がイメージしやすくなります。

⑥応募フォームの確認

　大手求人広告を利用する場合は、求職者が求人広告に先に登録している職務経歴情報などを手軽に送ることが可能です。この点は大手求人広告を使う利点だと思います。しかし、自社の採用サイトやまた大手求人

63

広告においても応募する際に「必須項目」を持たせすぎると、一度「応募する」をクリックした後でも、応募するのが面倒と感じ、応募を途中でやめる可能性が高まります。実はこの応募途中離脱は多く、今までのクライアントの 300 社以上のデータ分析によると 70％くらいの方が一度応募しようと思い、応募ボタンを押したのにもかかわらず、応募手続き完了前に、「やっぱりやめた」と閉じるボタンをクリックしていることがわかりました。

　企業側からするとたくさんのことを事前に求職者に確認したいと考えるのは当然なのですが、情報を求めすぎると途中離脱者が増えます。その理由は簡単で、お仕事の探し方はパソコンではなく、スマホである確率が高いからです。大手の転職求人広告であってもアクセスの 80％近くはスマホ経由になっています。

　例えば、スマホで仕事探しをしていて、気になった求人に応募しようと思ったけど、「志望動機」が必須だったとします。この時点でもう応募を諦めて他を探してしまうのが実情だと思います。

　ではどうしたらいいのか？

　それにはまず「求人の第一段階の目的は最低限の個人情報を獲得すること」としてください。欲しい人材が求人を見ていて、応募しようと思っていただいて、応募ボタンを押しても、応募手続きが完了しなければ、その後一切、会社からその求職者に連絡を取ることはできません。逆に、名前と携帯電話の番号さえ入手できれば、その後、連絡することができます。

　携帯電話の番号があれば、ショートメールを送ることもできます。メールよりもショートメールの方が開封確認もでき、便利になってきています。

第2章　今よりお金をかけずに欲しい人材を集めるマル秘テクニック

応募ボタンを押してからも離脱している

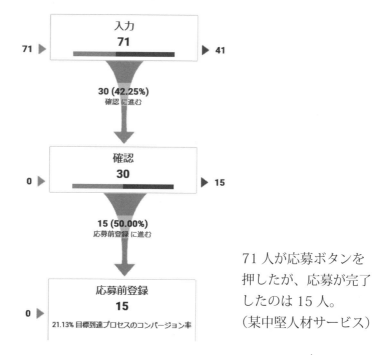

71人が応募ボタンを押したが、応募が完了したのは15人。
（某中堅人材サービス）

・理想の求職者を集める方法

　理想の求職者である採用ペルソナをどのように母集団形成していくのかについて、具体的に解説していきます。

①ハローワーク

　ハローワークとは、正式には公共職業安定所と呼ばれ、主に職業紹介事業を行っています。国が運営しているため、民間の職業紹介事業者とは区別されます。人材を探している企業に対して、仕事を探している求職者を紹介することが主な業務になり、就職困難者を支援するセーフティーネットとしての役割を担っています。人材を求める企業側も無料で利用できる点が特徴となります。

　ハローワークの求人票もしっかりと「らしさ」を表現することができれば、若年層の母集団形成も可能です。

また、ハローワークの活用としてあまり知られていないのですが、「求人票とともに写真を 10 枚登録できる」や「皆さんの求人票を閲覧した方に対して、リクエストする（スカウトメールのようなサービス）」ということもできます。しっかりと求人票を書くことで、例えばハローワークではなかなか採れないとされる若手の採用に成功している会社も実はたくさんあります。

②折込・フリーペーパー・Web サイト等の求人広告

　いわゆる民間企業が運営する求人広告になります。求人広告を掲載することに対して広告掲載料を支払うものが一般的です。以前はコンビニなどで求人誌を 100 円で購入するという時代もありましたが、そこからフリーペーパー化や Web サイト化が進みました。掲載費用に関しては各社により大きく異なります。

　アルバイト・パート系は掲載料週 5 万円前後が多く、転職系は 4 週間で 50 万円前後が平均値になります。

求人広告を見てもらう費用（求人閲覧単価）がいくらかかっているかを知る

　求人広告の基本的なビジネスモデルは、求人広告に掲載することに対して、掲載企業がお金を払うというシンプルなものになっています。最近では 1 件の応募に対してお金を支払う「応募課金モデル」や採用が決まったらお金を支払う「採用課金モデル」など様々な広告モデルも増えてきましたが、基本的にまだまだ効果がでるのは、大手の求人広告であるという現状もあります。

　さて、ここで 1 つ質問をさせていただきます。

　「どこの求人広告からの応募が優秀な人材が多いですか？」

　この質問に関して、明確に答えが言える採用担当者の方がいらっしゃればぜひ教えていただきたいと思います。

　もう少し具体的に書くと、Google の検索窓に「リクナビ」と入力する方と「マイナビ」と入力する方、「東京　営業　転職」と入力す

第2章　今よりお金をかけずに欲しい人材を集めるマル秘テクニック

る方では、どの求職者が一番優秀ですか？という質問になります。

　答えは、「関係ない」ということです。たまたま、CMを見て入力する方もいらっしゃるかもしれませんし、学生の頃にマイナビ新卒を使っていたからという方もいらっしゃるかもしれませんが、「優秀かどうか」は関係のない議論になります。

　多くの企業では、たまたま過去に掲載した求人広告でいい人が採れたら、それがいい求人広告となります。逆に、応募が来なければ、ダメな求人広告というレッテルを貼ります。サンプル数も少なく間違った判断になりやすいです。一般的に求人広告を出した経験が少ない会社では、このようなミスジャッジをすることが多くなります。

　ここで大切な考え方を1つご提案させていただきます。大切な指標、それは「いくらで求人広告を見てもらっているか」という数字になります。
　この数字は広告掲載費用÷総PV数（ページビュー数）という計算をするとカンタンに出てきます。これを「求人原稿を見てもらう単価」と言います。当然、この数字が安い求人広告ほど、効果が高いと言えます。
　例えば、広告掲載費が50万円かかったとします。求人原稿を見てもらった数（ページビュー数）が1000回だったとすると、50万円÷1000回＝500円となります。直近に2社の求人広告を併用して出された場合は、この数字を比べることでどちらが安かったかを判断していくことが大切になります。あくまでも目安ですが、転職媒体系だとこの単価は500円前後、アルバイト・パート系だと200円〜300円という感じになります。
　ぜひ一度、「求人原稿を見てもらう単価」という数字を出してみてください。また、今までに掲載された経験が少ない会社の場合は、ぜひお知り合いの会社などにお声がけし、数値を聞いたり、求人会社との打合せの中で、同様の求人広告のこの単価を出させてみてください。出してくれないケースが多いかもしれませんが、この言葉で価格の比

67

較を競合としているというだけで、担当の営業マンにはプレッシャー
をかけられると思います。

　なお、アルバイトやパート、派遣会社でたくさんの求人広告を出さ
れるケースは、しっかりとこの数値を使って各媒体社と交渉すること
で、さらに求人広告費の値引きを引き出すことができます。

求人広告社を一堂に集め、「求人代理店ミーティング」で価格交渉やコンペを実施

　少し話は脱線するかもしれませんが、飲食店などの有店舗チェーン
店の会社や人材派遣会社など求人広告をたくさん使う会社の場合は
「求人代理店ミーティング」を実施することをお勧めします。各求人
代理店の営業と打合せ時間を持つことは時間の無駄になります。毎月
一堂に集め、各求人代理店と一緒に、どんな施策をしていくことが望
ましいかをディスカッションをするようにします。また、数字も全て
公開し、自浄作用を促します。何名応募を集められるか等も各社ごと
にコミットさせていきます。こうすることで、広告費の交渉もしやす
くなります。求人広告を見てもらう単価や応募単価、応募率等を競わ
せることで、ゲーム性も持たしつつ、単に業者ではなく、一緒に採用
を成功させるパートナーへと意識を変えていくことも大切です。

③人材紹介（転職エージェント）

　採用1名ごとに年収の25％～35％程度の紹介手数料を支払う方法と
なります。例えば、新規事業などで競合に求人活動をしていることを秘
密にしたまま人材の募集をすることもできる点や、採用が成功しないと
費用が発生しない点で求人企業にとってはメリットのある母集団形成
手段になります。ただし、年収400万円程度の社員を1名採用すると
150万円前後の費用がかかり、採用単価としては非常に高くなります。

　主にホワイトカラー系からスタートしましたが、看護師や介護士、工
場で働く期間工社員などサービス範囲は広がっています。また、IT系
等の中には紹介手数料が年収の50％や100％など非常に高騰した提案
をしてくる会社もでてくるようになりました。

68

第2章　今よりお金をかけずに欲しい人材を集めるマル秘テクニック

④合同会社説明会

　求人広告会社や行政、商工会議所などが実施する合同会社説明会も母集団形成にはお勧めです。合同会社説明会とはその名の通り、複数の企業が一堂に集まり、出店ブースを構え、求職者に会社案内をするイベントになります。求職者の参加数は各合同会社説明会により大きく異なります。

　求人広告やハローワークの求人票だけでは伝えにくく、直接のコミュニケーションが取れる場として、非常にお勧めできる母集団形成の方法になります。特に未経験の若手人材を複数名採用したい時は合同会社説明会に社長も参加し、しっかりと会社説明を実施することで、選考スピードも上げることができます。

　出展費用に関しては各合同会社説明会により大きく異なりますが、無料や安い領域で行政や商工会議所、金融機関などが実施していることもあるので、積極的に情報収集しておきましょう。

⑤紹介制度（スタッフ紹介や SNS の活用や縁故採用等）

　紹介制度をしっかりと構築することは非常に大切です。この紹介制度はお金がほとんどかからない点でもお勧めできます。紹介制度の話をすると「既にやっているよ」と会社や店舗の方からよく聞きます。そして、「そんなにうまくいってない」という言葉をもらうことも多いのが実態です。

　一方でうまくいっているところは求人広告を出さなくても紹介制度だけでうまく採れるようになったという会社もあります。

　ポイントは「制度としてやっている」と「実際に行動している」という点に違いがあるように感じています。

　具体的に「制度としてやっている」と「実際に行動している」の詳細を見ていきたいと思います。

制度としてやっている

　このタイプの企業は紹介してくれたスタッフと入社したスタッフに紹介手数料を支払うというルールや制度を作って終わっているケースが多いです。制度だけがあっても実際に現場の社員やスタッフに伝

わらなければ意味がないですし、社員やスタッフに伝わっても行動に移してもらわなければ制度を作る時間をかけても何の意味もありません。

また、SNS活用の場合や縁故採用等でも同じで、例えば、「Facebookを使って採用活動をしてみよう！」と号令をかけても、日ごろから情報発信をし、コミュニケーションをしていない会社やお店が突然、求人募集の記事をあげてもほとんど効果はありません。

つまり、トップダウンで「紹介制度を作った！」というだけでは何の意味もないということです。ではどのようにすればいいのでしょうか？

実際に行動している

うまくいっている会社の特徴は紹介制度も当然あるのですが、「行動させること」を仕組化しています。例えば、効果的な紹介制度の運用は、次のような行動させる仕組みができています。

【飲食店の事例】

店長が作成した渾身の「アルバイトが足りません！」という内容のテキストを勤務時間中に、アルバイトスタッフにお願いして、「今、友達5人にLINEで送って！」とお願いする。

たったこれだけで、応募者が普通に集まったのです。この事例の成功要因は次のような点にあります。

・勤務時間中であること
・「店長に言われたから送ってるのだけど…」というスタッフが友達に送る理由を用意する
・「店長が作成した文章を転送するだけ」とし、考えさせる動作をさせないこと

逆に制度としてはあるがうまくいっていない特徴は次のような理由になります。

・勤務時間外にわざわざ仕事先のことを考えない（タイムカードを押した時点で忘れる）
・友達にいきなり仕事の案内をすると気持ち悪いと思われるかもしれないと考える
・どのように友達に紹介したらいいのか考えるのが面倒くさい

つまり、友達に紹介をしない理由を潰していくということがポイントになります。ここまでして、飲食店などのサービス業でアルバイト募集の紹介制度の仕組みを作りスタッフにお願いしても、誰にも紹介のLINEを送ってくれない場合は、例えば店長とスタッフとの関係性などがぎくしゃくしていることや、そもそも既にブラックな職場、いい職場だと思われていないということになります。その場合はその点をまず解決していくことが大切になります。

LINEの文章の具体例
こんにちは、○○で店長をしています田中と申します。今、お店ではバイトが全然足りなくて、とても困っています。シフトの融通も利きやすいバイトなので、興味持っていただけたら、一度お店に見学に来ていただけませんか？冷たいお飲み物くらいはもちろん出させていただきます！【詳しくは】採用サイトURL

⑥店舗での求人募集（有店舗の求人に限る）
飲食店などの有店舗のサービス業で求人活動をしている会社では、例えばトイレや壁などに社員募集やアルバイト募集の貼り紙をしている店舗をよくお見掛けします。ないよりはあったほうがよいので、これはこれで効果があるのかもしれませんが、お客様の立場で考えみるとあまりよくありません。バイト探しをしている求職者があなたのお店に飲みに行って、途中でトイレ行ったときに、トイレの壁に「バイト募集！」と書かれていても、記憶できないし、その情報に興味を持ったとしても忘

れてしまいます。

　そこで、アルバイトや社員募集のカードタイプのチラシなどを各テーブルやレジ横などに置いておくとどうでしょうか。ポイントは興味を持ったお客様が「持って帰る」という行動ができるようになることです。レシートに求人情報を入れているお店もあります。レシートに入れることで確実に求人情報を届けることができます。募集チラシやレシートにお仕事の詳細や採用サイトのアドレスが書いてあると、家に帰ってからも見てもらうことができ、検討してもらえる可能性が高まります。

　某大手ハンバーガーチェーン店は昔から徹底的にこの募集施策を実行しています。なぜ続けているか、採れているからだと思います。店舗によっては、ハンバーガーを食べながら履歴書が書けるよう、履歴書まで置かれているお店もあります。最近では大手アパレルチェーンも同じような施策をされています。

⑦会社の採用ホームページとそのプロモーションで集める

　会社の採用ホームページと会社の採用ホームページをプロモーションすることで応募者を集めるという方法が注目を集めています。

　こちらに関しては、次項「大手求人広告の Web プロモーション戦略を知る」（P.74）以降で詳しく解説させていただきます。

第2章　今よりお金をかけずに欲しい人材を集めるマル秘テクニック

求職者の集め方（抜粋）
ただし、会社の採用ホームページで採る手法は除く

手　法	詳　細
ハローワーク	完全無料のサービスだが、応募者対応に手が取られたり、年齢の高い層が多い印象があり敬遠されがち。しかし、しっかりと掲載すれば意外と若手からも応募が来る。例えば、写真登録ができたり、求人を見た求職者にプッシュできるリクエストという制度などあまり知られていない裏技がいろいろとある。
求人媒体	いわゆる民間企業が運営する求人メディア。求人方法は掲載することに対して広告掲載料を支払うものが一般的。以前はコンビニなどで求人誌を100円で購入するという時代もあった。そこからフリーペーパー化やWebサイト化が進む。掲載費用に関しては各社により大きく異なる。
人材紹介	採用1名ごとに年収の25％〜35％程度の紹介手数料が発生。新規事業などで競合に求人活動をしていることを秘密にしたまま人材を募集できる点や採用が成功しないと費用が発生しない点で求人企業にとってはメリットのある母集団形成手段。
合同会社説明会	求人広告会社や行政、商工会議所などが実施する合同会社説明会も母集団形成にはお勧め。合同会社説明会とはその名の通り、複数の企業が一堂に集まり、出展ブースを構え、求職者に会社案内をするイベントになる。求職者の参加数は各合同会社説明会により大きく異なる。
紹介制度	社員やバイトに人材の紹介をお願いする制度。やっているところは多いが結果がでていない会社が多いのが特徴。紹介制度を促進するために、風土や評価、これをやる背景をしっかりと説明することが大事。
その他	採用チラシを店舗に設置するやポスティングをするなども実は効果的な手法。

73

（3）大手求人広告の Web プロモーション戦略を知る

・大手求人広告の販売促進を分析する

大手求人広告の構造を知る

　さて、少し話は変わりますが、大手求人広告のビジネスモデルはご存知でしょうか。特に複雑なビジネスモデルではないのですが、求人をしたい会社から「広告掲載料をもらう」「求人広告をプロモーション」して、「求職者を集め、応募させる」といういたってシンプルなものです。大手求人広告を中心にテレビの CM でお笑い芸人が求人広告名を連呼しているのは、「求職者を集め、応募させる」ためになります。

　中小企業がテレビ CM をして、会社の採用ホームページの宣伝をすることは当然現実的ではありませんが、「求人広告のプロモーション」は何もテレビ CM などのマスメディアだけを頼っているのではありません。どちらかというと主戦場はインターネット広告に移ってきています。ここが注目するポイントになります。

　インターネット広告に移ってくると、マスメディアではないので、個別のプロモーションが簡単にできる世界になってきます。ボリュームディスカウントで仕入れるという力もあまり働かなくなってきます。個別案件ごとにプロモーション価格が決まるような概念になります。つまり、インターネットの世界では中小企業であっても、うまくやれば大手求人広告より会社の採用ホームページを求職者に露出していくことができるということになります。「大手求人広告と同じ土俵でサイトのプロモーションができる」というのはある意味、革命と言えます。

　また、大手求人広告の販促費に注目してみると面白いことがわかります。

第2章　今よりお金をかけずに欲しい人材を集めるマル秘テクニック

ケース①　株式会社 DIP「バイトル」などのメディア

　2018年2月期の売上380億円に対して、広告宣伝費111億円となり、比率では29%となります。バイトルの場合はAKB48のCMから広告投下を大きくし、直近は乃木坂46を活用し、注目を集めています。

株式会社 DIP 決算資料

単位：百万円	2017年2月期 通期（単体）		2018年2月期 通期（連結）	
	実績	構成比	実績	構成比
売上高	**33,178**	100.0%	**38,062**	100.0%
売上原価	**2,292**	6.9%	**2,178**	5.7%
売上総利益	**30,886**	93.1%	**35,883**	94.3%
販売費及び一般管理費計	**21,766**	65.6%	**25,084**	65.9%
（注1）　人件費	9,740	29.4%	10,556	27.7%
（注2）広告宣伝費	9,262	27.9%	11,104	29.2%
地代家賃	833	2.5%	1,034	2.7%
その他	1,930	5.8%	2,389	6.3%
営業利益	**9,119**	27.5%	**10,799**	28.4%
経常利益	**9,141**	27.6%	**10,794**	28.4%
当期純利益（注3）	**6,167**	18.6%	**7,531**	19.8%

（注1）人件費には給与、福利厚生費等のほか採用関連費及び教育費を含んでおります。
（注2）広告宣伝費は販売促進費を含んでおります。
（注3）2017年2月期は当期純利益、2018年2月期は親会社に帰属する当期純利益
Copyright©2018　DIP Corporation,All Rights Reserved.

（出典）ディップ株式会社（東証一部2379）
2018年2月期 決算説明資料（2018年4月13日）

ケース② 株式会社リクルートホールディングス

　様々な事業展開をしているので、求人広告事業だけの数字ではないのですが、目安としてご確認ください。2018 年 3 月期の売上 2 兆 1,733 億円に対して、広告宣伝費は 1,381 億円となり、比率は 6.4 ％となります。DIP 社と異なり、人材派遣や人材紹介などメディア以外の事業もあることから参考数値にはならないですが、広告宣伝費率が DIP 社に比べると低いことがわかります。

株式会社リクルートホールディングス決算資料

回次	国際会計基準		
	移行日	第 57 期	第 58 期
決算年月	2016 年 4 月 1 日	2017 年 3 月	2018 年 3 月
売上収益　　　　（百万円）	―	1,941,922	2,173,385

販売費及び一般管理費

(単位：百万円)

	前連結会計年度 （自　2016 年 4 月 1 日 　至　2017 年 3 月 31 日）	当連結会計年度 （自　2017 年 4 月 1 日 　至　2018 年 3 月 31 日）
販売手数料	44,153	44,353
販売促進費	44,006	42,974
広告宣伝費	108,709	138,150
従業員給付費用	264,686	316,506
業務委託料	83,682	89,307
賃借料	37,152	41,424
減価償却費及び償却費	51,713	60,555
その他	76,527	83,960
合計	710,631	817,233

（出典）株式会社リクルートホールディングス（有価証券報告書）

第2章　今よりお金をかけずに欲しい人材を集めるマル秘テクニック

ケース③　株式会社エン・ジャパン「エン転職」などのメディア

　2018 年 3 月期の売上 407 億円に対して、広告宣伝費 88 億円となり、比率では 21％となります。芸人のバカリズムの起用を長くしています。前年より 20 億円増やして宣伝広告をしています。

株式会社エン・ジャパン決算資料

	17.3 期 （16.4-17.3）		18.3 期 （17.4-18.3）	
	（百万円）	売上比	（百万円）	売上比
売上高	31,719	100.0%	40,710	100.0%
売上原価	3,185	10.0%	3,835	9.4%
人件費	2,011	6.3%	2,615	6.4%
その他	1,174	3.7%	1,221	3.0%
売上総利益	28,533	90.0%	36,875	90.6%
販売費及び一般管理費	21,677	68.3%	27,243	66.9%
人件費	9,600	30.3%	11,012	27.1%
広告宣伝費・販売促進費	5,988	18.9%	8,811	21.6%
その他	6,087	19.2%	7,419	18.2%
営業利益	6,856	21.6%	9,631	23.7%
経常利益	6,848	21.6%	9,736	23.9%
親会社株主に帰属する当期純利益	4,005	12.6%	6,368	15.6%

（出典）株式会社エン・ジャパン
2018 年 3 月期 決算説明資料

何が言いたいかというと、大手求人広告の宣伝広告費は恐らく 20％〜30％に収まっているということに注目しています。つまり、極端な見方かもしれませんが、皆さんが求人広告に掲載費として、100 万円を使ったとします。そのうち、「20 万円〜 30 万円のお金で芸人が求人広告名を連呼している」とも言えるということです。

　しかし、あれだけテレビ CM などの広告投下をしても、各大手求人広告名で Google などで検索する人はアクセス数の 20％〜 30％程度と推測しています。これは「similarweb」というサイトでの調査なので正確な数字ではないと思いますが、そこまで大きくずれてはいないと思います。では、残りのサイトへのアクセスはどのように集めているかというと、その多くはいわゆる Google の検索結果の上位に表示させる対策（SEO 対策）や Google や Yahoo などの広告枠への露出など Web プロモーションからアクセスを集めていると考えられます。SEO 対策で、中小企業の皆様が会社の採用ホームページを上位表示させることは簡単ではないかもしれませんが、地方であればそれもしっかりと対策を講じれば可能となります。このポイントは後ほど、「（5）採用ブログの威力」（P.88）にて解説させていただきます。一方、もう 1 つの施策である会社の採用ホームページを Web プロモーションにより求職者に届けることは、それ程難しくありません。

・会社の採用ホームページの Web プロモーションを検討する

　大手求人広告が実施しているプロモーションの中で、テレビ CM のような手法は一般の会社ではなかなか実施することは難しいですが、Web プロモーションであれば、一般の会社でも実施することができます。例えば、会社の採用ホームページを Google や Facebook 等の広告プログラムを活用すると、わずか数十円から数百円でプロモーションを実施することができます。Google の広告は少し専門性が高いですが、Facebook は比較的容易に始めることができるので、社内で少しインターネットに詳しい社員がいる場合は兼務させることもお勧めです。

Google 広告（Google AdWords 広告）

こちらはいわゆる Google の検索結果への広告配信となります。検索ワードによって配信対象者を絞っていくことができます。例えば、「名古屋　求人　介護」という検索者に対して広告配信をすることができます。ただし、この広告手法は知識や経験に非常に左右されるので、実施する際は Web マーケティング会社に外注をする方がよいと思います。こちらの広告手法もクリック課金による形態の広告モデルとなっております。もちろん、社内に詳しい人材がいる場合はその限りではありません。基本的には広告費用はクリック課金というモデルになっており、広告枠のバナーを検索者がクリックすることで費用が発生することになっております。

Facebook（Instagram）広告

年齢属性や性別、居住エリア、興味関心軸や学校区分などターゲットを絞って広告配信をすることができます。例えば、看護師の募集を考えると、近くの看護学校の卒業生というフィルターをかけ、その友達にも配信をするような設定をすることで、ターゲットとなる看護師に広告配信をするようなことができます。広告料は Google の広告と同じくクリック課金になり、クレジットカードによる決済になりますので、比較的簡単に始めることができます。

（4）今、注目の「Indeed」を正しく活用する

・Indeed とは

テレビ CM でもすっかりとお馴染みになった「仕事探しは Indeed ♪」の Indeed はご存知でしょうか。実は、Indeed はリクルートが M&A をした会社になります。Indeed は難しく表現すると、「求人に関するアグリゲーションサイト」と呼ばれるサービスになります。Indeed はしかも世界展開しているサービスになり、世界中の求人情報を求職者は探すことができます。

アグリゲーションサイトと言っても難しいので、ここでは 2 つの Indeed の機能の面から、わかりやすく説明していきます。

まず、 1 つ目の機能ですが、「Indeed は求人の Google」のような機能があります。

詳しく Indeed の中を見られた方は少ないかもしれませんが、Indeed の中には大手求人広告や人材紹介会社の求人広告ページにリンクをしたり、Indeed に普通の会社の求人原稿が掲載されていたり、Indeed から普通の会社の採用ホームページにリンクされているといった少し変わったホームページの作りになっています。

中にはハローワークの求人原稿にもリンクされていることに驚かれる方もいらっしゃるかもしれません。

もちろん、その理由は全ての求人情報を Indeed の中に集約したいという Indeed の狙いがあるからだと推察します。

そして、非常に面白いのですが、大手求人広告や人材紹介会社は Indeed に広告費を支払い、または無料で読み込まれる設定をして、Indeed 経由で各社のホームページにアクセスを集めています。つまり、Indeed の 2 つ目の機能は「求人の卸売市場」のようなポジションでもあるということです。そして、Indeed は皆さんの会社でもうまく活用すれば無料で応募者を集めることができるという点でも、とてもユニークなサービスです。「大手求人広告の Web プロモーション戦略を知る」でも触れましたが、大手求人広告や人材紹介会社が Indeed に広告費を支払うことでアクセスを集める「求人の卸売市場」に対して、皆さんの会社も買

い付けに行けるという感覚です。Indeed に対して、無料で広告掲載をすることもできますし、たくさんの求職者に見てもらおうと思えば、Indeed への広告費を支払うことで、さらに多くの求職者に対して露出をしていくこともできます。

　感覚的な説明になるかもしれませんが、例えば、小売店で魚を買うよりも、卸売市場で買った方が安いと思います。そして、小売店を営んでいなくても、消費者も直接、卸売市場に買いに行けるというイメージがIndeed になります。ちなみに、魚の場合ですと、海で獲れば一番安くて、次に卸売市場が安くて、そして小売店になります。求人の場合の流れでいくと、Google が海のようなポジションになっており、卸売市場が Indeedになり、小売店がインターネットの求人広告のようなポジショニングだと考えるとわかりやすいかもしれません。

Indeed は卸売市場のポジション

価格	魚の仕入れ	求職者を集める
安い　↕　高い	海	Google Yahoo
	卸売市場	Indeed
	小売店	インターネット求人媒体

・Indeed 広告を活用してみる

　Indeed に企業の求人情報を登録し、求職者にプロモーションできることは既にご説明させていただきました。より多くの方に求人情報を発信していく場合は、さらに Indeed へ広告費を支払うことで可能となります。
　今回は Indeed で広告する5つのポイントを解説させていただきます。

① Indeed にアカウント・求人を作成する

Indeed の企業用（求人登録）のアカウントを作成していきます。パソコンで操作していく方がわかりやすいので、アカウント作成や求人作成の際はパソコンを利用することをお勧めします。Indeed のサイトにある「求人広告－まずは無料から」をクリックします。

続いて、「今すぐ掲載」をクリックします。「アカウント作成」をクリックし、メールアドレスやパスワードを登録し、登録手続きを進めていきます。その他、広告配信を前提にする場合はクレジットカードの登録などがあります。

求人情報などの登録も基本的には文字を入力していくだけですので、それほど難しい作業ではないと思います。まずはアカウントと求人を作成していきましょう。

求人の書き方がわからないという場合は、最も簡単な方法は今までに掲載された求人広告等を参考にして記入を進めてください。また、今まで求人をしたことない場合は似たような求人票を Indeed やその他求人広告メディアから探し、応募したくなるような求人原稿を見つけ、マネをするところから始めてみることをお勧めします。

② Indeed 広告配信を始める

Indeed 広告はいわゆる「クリック課金」という広告モデルになります。Indeed の広告表示枠にある皆さんの求人を求職者がクリックすると予め設定された上限のクリック単価以下の金額が登録されたクレジットカードより徴収される仕組みになっています。

1クリックの上限設定金額は 15 円～ 1,000 円の幅で設定することができます。

また、1日や1か月の上限金額や1か月の予算設定もできます。また、1クリックの設定金額などがよくわからないという場合も安心してください。「自動調節設定」という機能もあるので、自動調節設定にし、日額または月額の予算を決めさえすれば、Indeed 側で最適な広告運用をすることもできます。求人原稿の露出が増えることで、求職者の目に留まりやすく、応募してもらえる可能性が高くなるという流れになります。

第2章　今よりお金をかけずに欲しい人材を集めるマル秘テクニック

③クリックされる対価は「求人原稿を見られる」こと

　Indeed の広告表示枠はクリック課金だという説明をさせていただきました。求職者がクリックをすると、求職者はクリックした求人原稿の詳細情報を見ることができます。つまり、クリック単価とは「求人を見てもらう単価」になります。ここでピンときた方は非常に理解が早いです。「求人を見てもらう単価」に関しては、実は既に一度説明させていただいた内容になります。

　広告掲載に対してお金がかかる求人広告メディアに掲載した際に、「掲載した金額÷総 PV 数（ページビュー数）＝ PV 単価」という計算をすると、求人広告上での「求人を見てもらう単価」を算出できることを説明させていただきました。この「求人を見てもらう単価」が安い求人広告ほど求人広告メディアの価値が高いと言えます。

　まとめると、「求人原稿を見てもらう単価」は Indeed 広告だとクリック単価と同じ価格を説明し、求人広告だと PV 単価と同じ価格を説明していることになります。

　つまり、求人広告の PV 単価より Indeed のクリック単価を低く設定することで、求人広告に掲載するよりも、理論上は今よりお金をかけずに応募者を獲得することができるようになります。

　「求職者はどのような動きで、求人に応募するのか」（P.58）で一番良かった求人原稿をマネするべきことは既に解説をしています。応募率が高かった求人原稿をマネして、Indeed に求人情報を登録すれば応募者を集める単価は下がりやすくなります。

　ただし、厳密には求人原稿は各求人広告メディア側の著作物になっているので、全てのコピー＆ペーストは避けるようにしてください。

　少し難しく感じるかもしれませんが、ここは非常に重要なポイントになりますので、ぜひ理解し、実践するようにしてください。

④ Indeed 広告の代理店に関して
Indeed 広告に代理店がある

　Indeed 広告の広告運用は自動調節設定もあり、また、クリック課金の単価設定も「求人原稿を見てもらう単価」を今までの求人広告に掲載していた実績から導きだすこともできます。しかし、実務上はこんな細かいことまでやっている時間がない、という実情もあるかと思います。そこで Indeed 広告は代理店制度を設けています。直接販売の営業チームもありますが、日本国内では東京と大阪にしか拠点がなく、直接販売の営業は電話によるサポートや Web セミナーによるフォローが多く、実際に直接のコミュニケーションを希望される場合は、全国に広がりつつある代理店をうまく活用することをお勧めします。

Indeed 広告の代理店の特徴をしっかり理解すること

　Indeed 広告の代理店には大きく分けて 2 つのパターンから生まれた会社が多いです。

① Web マーケティング派生

　1 つ目は Web マーケティングを本業とし、そこから派生し、Indeed 広告を扱うようになった会社のパターンです。Indeed 広告以外の Web マーケティングにも強みがあることが多いので、会社の採用ホームページのプロモーションを今後強化していきたい場合にはお勧めです。デメリットをあげるとすると、カタカナや専門用語が好きな方が多く、インターネットの難しい言葉をたくさん使ってくる方が多いです。また、逆に、人事・採用領域からスタートしている訳ではないので、人事や採用のこちら側の要望が伝わりにくいことが多いと思います。

　お互い言葉が理解できずに進み、この点で不満を感じられたり、思っていた金額と違っていたなどのトラブルが起きたりすることが散見されています。

　Web マーケティング派生の代理店に発注する場合は、自社に Web や IT に詳しい社員がいて採用担当の窓口になれる場合にはお勧めとなります。

②求人広告代理店派生

　もう１つは求人広告代理店を本業とし、そこから派生して、Indeed広告を扱うようになった会社です。こちらの特徴としては、求人や採用のことは詳しいことが多いです。また、営業力があります。しかし、Webマーケティングの知識が「浅い」または「ない」ケースが散見されます。求人広告の枠を売る営業とは異なり、Webマーケティングの知識が必要なIndeed広告に関しては、この点がデメリットになることが多いです。求人広告代理店派生の代理店から提案を受けた場合は１社からの提案で決めず、実績やわかりやすい説明があったか等を考慮することが大切です。

Indeed 代理店の比較

Web マーケティング派生	代理店	求人代理店派生
×	採用の知識	○
×	人事の気持ち	○
○	ネット広告の知識	×
正直、一長一短		

・Indeed に会社の採用ホームページを登録するために

　Indeedに会社の採用ホームページを登録することも可能です。ただし、いくつかの条件があるようです。会社の採用ホームページを登録することで、Indeedからあなたの会社の採用ホームページにリンクが貼られるようになります。

　「自社サイトの採用ページやATSで掲載中の求人をIndeedに掲載」へは個別の問合せになりますが、「無料で求人広告を掲載　自社サイトの採用ページ上の求人情報を無料で求人検索結果に表示することができます。」

ということをIndeedサイト内で明示されています。また、自社サイトを「有料のスポンサー求人広告を掲載　スポンサー求人広告掲載を利用し、自社サイトの採用ページに掲載中の求人へ、より多くの候補者からの関心を集めることができます。」という記載もあります。

　掲載できる条件はいくつかあるようですが、調べられる範囲では以下のようなサイトが掲載もでき、さらに応募者を集める観点でも効果的です。

求人案件ごとに独立したアドレスがある求人原稿になっていること

　１ページに例えば、営業や開発、経理、人事などの案件が載っているのではなく、営業は営業で１つの求人ページがあることが望ましいです。

応募の手続きが Web 経由でできる

　「履歴書・職務経歴書を郵送してください」や「電話にてお問い合わせください」では登録ができません。Web サイト経由で応募手続きができることが条件となります。

スマホ版のページを用意する

　Indeed のアクセスの 80％程度はスマホでのアクセスとなっております。Indeed ではスマホ用のサイトが用意されていない場合には、スマホへの広告配信そのものができません。これは Indeed だけではなく、Google においてもスマホ対応していることは SEO 対策上も重要となってきております。これらの流れをモバイルフレンドリーさせると言いますが、どのようなデバイス（端末）であっても、自動で調整されるレスポンシブル対応された採用ホームページであることが望ましいです。

加盟金など参加費を求める募集は NG

　雇用形態が業務委託のお仕事であっても Indeed には掲載できますが、フランチャイズの募集など加盟金や参加費が求められるお仕事の募集はNG となっています。まだ業務委託の応募が掲載できることは多くに知られていないため、フルコミッションの営業委託や建設系の委託社員募集などの案件はぜひ掲載されることをお勧めします。

・Indeed の対抗馬

　この Indeed のようなサービスは他には「スタンバイ」（運営：株式会社ビズリーチ）や「求人ボックス」（運営：株式会社カカクコム）等、国産のサービスも出てきておりますが、Indeed と比べるとまだまだアクセスは 1/10 以下等という状況です。ただし、常に状況は変わるので随時注意を払うことは大切です。

　逆に対抗馬として最も有力なサービスは実は Google だと考えています。そもそも現状の広告サービスでも求人情報の広告展開は個別の企業でもできますが、既にアメリカでは「Google Hire」という採用の応募プロセス管理を支援するサービスがスタートしました。さらに、「Google for jobs」というサービスもスタート。日本への参入タイミングなどはまだ定かではありませんが、続々と新しいサービスが登場しています。

　いずれにしても、現状は国内において Indeed の月間ユニークユーザ数が 2000 万人を超えているなどの情報もあり、圧倒的な求人検索サイトであることは間違いないので、今のタイミングでは Indeed をうまく活用することをお勧めします。

（5）「採用ブログ」の威力

・Google の検索結果に採用ブログが上位にヒットする時代

　中長期的にはなりますが、一番お勧めしたい施策は会社の採用ホームページの中にブログ機能を設け、ブログをしっかりと書き続けることです。ブログと言えば、タレントなど芸能人が書くものと思っている方もいらっしゃるかもしれませんが、日々コツコツ書くことで皆さんの会社も Google の検索結果で上位に表示されるようにもなります。

　ここでは、会社の採用ホームページへのブログの設置の重要性やそのポイント、記事の作成のポイントを解説していきます。

・会社の採用ホームページへのブログ設置の重要性

　会社の採用ホームページを作成して、その採用ホームページを Indeed でプロモーションをすることで、求職者にリーチすることができるようになり、求職者を集められるようになりました。

　Indeed によるプロモーションをきっかけにし、会社の採用ホームページで求職者を集められることを体感された方も多いと思います。しかし、Indeed は今後、さらに多くの企業が参画してくることで、また人材派遣会社に関しては、今後は無料枠への反映をなくす方針を出してくることで、効果は下がってくると予想されます。

　また、先ほども少し触れましたが、Google は「Google for Jobs」というサービスをアメリカでスタートし、求人支援の事業にも本格参入をしてきました。

　これらの流れを考えると、Google の上位表示を念頭においた会社の採用ホームページづくりが重要になり、その1つの目玉が採用ブログになります。

　採用ブログを通して、求職者に役立つ情報を提供し続けることで、Google からの評価もあがるという結果になります。

　実際に、携帯ショップを経営しているアロージャパンでは「就活」というワードで Google 検索結果が2位となり、多くの新卒学生がサイトを訪れています（2018年6月10日現在）。

第2章　今よりお金をかけずに欲しい人材を集めるマル秘テクニック

　また、関東煮（おでん）の創業170年のたこ梅（大阪市）店主の岡田社長は、ブログの中でさらに100年続くための取り組みを発信されています。具体的な内容は「学習する組織」や「ティール組織」などの難しいテーマとなります。しかし、このブログを見て、求人募集を特にしているわけでもないのに、求職者から働きたいと問合せが来ています。しかもこの半年足らずの間に3名の社員がブログ経由で採用が決まったとのことです。

　たこ梅☆創業170年の「関東煮（おでん）」と「たこ甘露煮」の上かん屋『たこ梅』が、さらに百年続くための取組み日記
　http://www.takoume.co.jp/tenshu/

　また、当社採用定着実践会においても週1回程度ブログを発信することで、「採用コンサル」や「定着コンサル」などのワードをGoogleで検索すると1ページ目に当社のホームページが表示されるようになりました。このことで問い合わせも多くいただけるようになりました。

・会社の採用ホームページへのブログ設置のポイント

　ポイントは「採用ブログのタイトル」と「採用ブログの説明」になります。なぜこれが重要かというと、Googleの検索結果に表示されるように設定をしていくからです。しっかりと応募して欲しい求職者に伝わるようなブログのネーミングにすることがポイントです。例えば、中小企業で製造業の場合は「会社名の採用ブログ」というタイトルではなく、「大阪・製造業の中小企業の採用担当者の内定に効くブログ」のように、キーワードをちりばめたタイトルにすることで、求職者にもGoogleにも評価されるブログタイトルになります。

　また、採用ブログの説明表記も大切です。ここでの表記も検索結果に表示させるようにします（「meta description」の設定）。

　注意ポイントとしては、ブログそのものの設置ですが、会社の採用ホームページの中に設置することが重要となります。例えば、アメブロ等の外部のブログシステムを利用し、一生懸命ブログを更新しても、会社の採用ホームページのGoogle評価は上がりません。また、アメブロ等無料の外

部ブログシステムの活用に関しては、基本は商用利用が NG となっていたり、また、場合によっては競合のバナー広告が載ることもありえます。必ず、自分の会社の採用ホームページに設置をするようにしてください。

採用ブログタイトル事例
①大阪・製造業の中小企業の採用担当者の内定に効くブログ
　大阪で○○を作っているいわゆる中小企業の△△の人事ブログです。普通にブログを書いても面白くないので、求職者の皆さんが製造業の会社で内定を獲得するためのノウハウやこれからキャリアをどう描いていくか等について、私たちの視点でアドバイスをさせていただきます。

② 21 世紀大きく成長できるベンチャー企業で働きませんか⁉ とテンション高め人事ブログ
　東京に拠点を置くイケイケのベンチャーです。21 世紀思いっきり成長したいという皆さんに、イケイケベンチャーのありのままの姿をブログを通して発信していきます。私たちの価値観に共感された方はぜひ一度当社への扉をたたいてみてください。

③自動車部品を作って 50 年以上の老舗が教える人事の裏話
　当社は主に○○社の自動車のブレーキの部品を作って 50 年以上の歴史があります。「求職者の皆さんには当社を知ってもらいたい」というよりも自動車業界でお仕事することの素晴らしさなどをお伝えできればと考えています。

・採用ブログの記事の作成ポイント

　さて、いよいよ日々の記事の作成ポイントになります。毎日書くのは時間的に難しいとも思いますので、週1回〜2回をまずは必ず書くことから始めてください。そして、1回に書く記事の文字数は 1200 文字〜 3000 文字を目安にしてください。
　記事の作成のポイントの中で一番大切なことは「記事タイトル」になります。採用ブログそのもののタイトルと関連する内容であることはいうま

でもなく、記事のタイトルもそのまま Google への表示結果となって表示されます。そのため、求職者には目につくようなタイトルである必要がありますし、Google に対してはしっかりとキーワードがちりばめられていることが大切になります。日々の記事タイトルの考え方としては「求職者にとって有益な情報」を柱に、地域情報や業界・業種の情報、また、働き方や人事制度や福利厚生等に関するワードをちりばめてみてください。少し意識が広がると思います。

　また、その他、以下のような点も記事の作成に当たり、ご確認ください。
①ブログの中で、前回書いた関連するブログへのリンクを貼るようにする（内部リンク）ことで、採用ブログ内で周遊するようになる。
　例えば、自動車のことを書いていたら、記事の中で以前に書いた自動車のブログのことにも触れ、前の記事へリンクを貼るようにする。
②写真や動画を間に挟み、飽きさせないようにする。
　できるだけフリーの素材を使わずに、自分たちで撮影したオリジナルの写真を使うようにする。
③文章が長くなる場合はサブタイトルなどを付けて見やすくする。
　サブタイトルにはキーワードをしっかりと入れ込み、太文字や文字の大きさを大きくすることが大切です。

・「会社のらしさ」をしっかりとブログで伝えることの大切さ

　ブログでは「会社のらしさ」をしっかり伝えることが大切です。「らしさ」というと困った顔をされる方も多いのですが、ありのままを表現することだと考えています。わざわざ格好よく伝える必要もなく、誇張して伝えることもなく、ありのままを伝えてください。そして、少し自分たちの目指す姿も伝えてください。「現状は○○なのだけど、将来は△△になるために、現在、社員一同でがんばっています」ということが伝わることが大切です。
　もし仮に今は何もしていなくてどうしても「らしさ」がわからない時は、社長がやりたいと思っていることを素直に書き出してみてください。仕事の業績面しか書き出せない社長は、それはそれで実直さをアピールしてください。実は一緒に「社員とサッカーをしたい！」ということであれば、

それを素直に表してください。社長がやりたいこと、つまりは夢を明示することで、この指とまれ方式で人が集まってきます。ブログはその効果が極めて高いツールになります。実際に社長のブログを読んで、社長の下で仕事をしたいと思いました！という求職者は多くいます。そして、そのような求職者ほど定着する傾向にあります。

ただし、ブログでは見栄を張り、嘘をついていると入社後にそれが見透かされてしまい、すぐに退職される結果になりますので、くれぐれもありのままを伝えるようにしてください。

【アイスブレイク】新卒採用成功に欠かせない内定者主導インターンシップの事例（アロージャパン）

神戸市に本社を置く携帯電話代理店のアロージャパンでは、大手求人広告をほとんど使うことなく、毎年60名～70名の新卒採用を採れるモデルの構築に成功。その成功要因の1つとして、「内定者を巻き込んだインターンシッププログラムを実践」が挙げられます。担当の安東常務が指揮をとり、人事グループと内定者が連携をしながら、進めています。なぜ、内定者をインターンシップの運営側に巻き込むのか？　ここにはしっかりと3つのメリットがあることがわかりました。まず1つ目は人事の人手不足を補う点が挙げられます。実際に企画を出したり、求職者を集めたり、人事採用部門だけでは人手が足りませんが、内定者を活用することでこの点が補えます。もちろん、無料ではなくアルバイト代はしっかりと支給します。

続いて、2つ目ですが「内定者フォロー」にもなります。人事チームと内定者がコミュニケーションをする機会が増えることで、関係性が強くなります。さらにインターンシップに参加してくれる1つ下の

第2章　今よりお金をかけずに欲しい人材を集めるマル秘テクニック

学生に向けて、自社の魅力などを伝えることで、会社の魅力にさらに気づくようになります。

　3つ目はインターンシップの母集団形成も効果的にできる点になります。内定者同士で知恵を出しながら、参加者集めもチーム戦などにし、競わせるようにしています。結果的にアロージャパンのインターンシップは人気インターンシップとして注目を集めています。

　実際にアロージャパンのインターンシップは次のようなインターンシップを展開し、毎回人気のプログラムとなっています。

①体育祭選考
　チームビルディングのプログラムを取り入れたインターンシッププログラム

　　　　　https://peraichi.com/landing_pages/view/taiikusai2019

②サバイバル選考会
　非公開プログラムになっているが、普段着で参加できるサバイバルなインターンシッププログラムです。

　　　　　　　　　　　　　http://www.telex.co.jp/survival/

　このような非常にエッジの効いたインターンシッププログラムを用意し、プログラムの企画から母集団形成や当日の運営など、内定者を巻き込んで実施されています。

　　　　　　　　　　　　　http://arrowlink.co.jp/advance/

第2章のチェックポイント
今よりお金をかけずに定着する人材を
集めるマル秘テクニック

採用ツールの確認	・会社の採用ホームページ ・会社説明会用パワポ ・採用チラシなど
「応募者を集める」を 分析する	・求職者はどうやって求人 　を探すのか ・欲しい人材が応募したく 　なるテクニック
大手求人広告の プロモーションを知る	・今、注目の Indeed とは ・採用ブログの威力

□ スマホ対応された会社の採用ホームページは採用の
　必須ツール
□ テレビ CM でお馴染みの Indeed を徹底的に活用す
　れば、費用をかけずに採用ができる !?
□ 中長期的には Google 対策！まず、できることとし
　てブログから

第3章
欲しい人材を
しっかり動機づける・
見抜く面接手法

（1）「応募者を面接に呼び込む」が実は大変

（2）一次面接は「入社したい！」と思ってもらうことが大切

（3）最終面接での「選考のポイント」

（4）アルバイト・パートの入社率を上げる面接のポイント

（1）「応募者を面接に呼び込む」が実は大変

・応募があっても面接に来てくれない

　高いお金をかけて、求人広告に掲載して、「やっと応募が来た！」と思ったのもつかの間、応募者に電話をかけても電話が繋がらない、メールで面接の案内を送っても返信が来ない。面接の約束をしたのにもかかわらず、面接に姿を見せない。こんな経験をされた方もたくさんいらっしゃると思います。さて、応募者の質が下がったのか、最近の若者は…と議論をすればよいのか、非常に困られていると思います。しかし、求職者の多くは実はそのままお仕事を探し、どこかの職場への働き口を見つけているのです。つまり、上記のような不満を言っている会社は、単に選考プロセスが他社に劣っているということを理解することが大切です。もちろん、全てがこの理由ではないにしろ、建設的な議論をしていかないと何も始まりません。では、選考プロセスの強い会社はどんなことをやっているのかをここからは解説していきます。

・応募３分以内電話で面接率が一気に上がる

　「応募者に連絡が取れない」これは非常によくお伺いする課題になります。さて、逆に質問をさせてください。「応募者からの応募メールが届いてから、何分でその応募者に電話をしていますか？」まさか、応募者に３日後や１週間後になって初めて電話をかけるようなことはしていませんよね？　理想は「３分以内に応募者に電話をする」ことです。

　応募者はスマホでお仕事を探しています、当然、応募手続きもスマホで行います。つまり、「３分以内」であればまだ応募者はスマホを手に持っている可能性が高いということです。

　逆に３分を超えると、スマホでの仕事探しも既に終えて、次の行動をしている可能性が高まります。もし電話が繋がらない場合は、ショートメッセージ等で「お電話できますか？」等のご案内をするようにしてください。

　電話が繋がれば、アルバイト・パートは「面接日時の確定」をその場で取り付ける。また中途入社の場合は「職務経歴のヒアリング」をそのまま

第3章　欲しい人材をしっかり動機づける・見抜く面接手法

実施し、一次面接に呼ぶかどうかをその場で判断し、良さそうであれな「面接日時の確定」までをします。

　ちなみに、応募者から電話による応募手続きがあった場合はそのまま面接調整や電話でのキャリアの確認をすることが大切です。間違ってもその電話を一度切って、改めて連絡をするようなプロセスはしないようにしてください。その機会を逃すともう連絡がつかないと思ってください。

　応募者は応募したタイミングが最も応募への熱が高いタイミングになります。いわゆる「鉄は熱いうちに打て！」というこのタイミングで一気に面接までもっていくことが大切です。ちなみに、面接日もできるだけ、アルバイト・パートは翌日に面接を実施すること、社員の場合も本人希望の最短日程で面接を実施するようにしましょう。

　また、応募者に連絡をし、開口一番、「履歴書を郵送してください」というやりとりは NG です。恐らく、ほとんど履歴書は送られてきません。求職者の志望度が高い場合には送ってきてくれるかもしれませんが、今の求人の市況感を考えると、「履歴書を郵送してください」の会社は後回しにして、スグに面接をしてくれる会社に行き、そのままその会社で決まってしまうことの方が多いと思います。

　質を保ちたいというお気持ちは大変わかりますが、採用競合の他社がより便利な選考プロセスを展開しているので、やり方を変える必要がやはりあります。
　なお、履歴書に関しては、アルバイト・パートであれば面接時に記入いただくようにし、社員の場合は当日ご持参いただくようにしてください。

　社員など経験を求める場合でどうしても先に書類選考をしておきたいという場合は、郵送ではなくメールベースで履歴書や職務経歴書を送ってもらうようにしましょう。もし、お持ちでないと言われた場合は、電話によるヒアリングで面接するかを判断することも大切です。

97

また、履歴書郵送の流れは年齢などの面でどうしても見送る必要がある場合に、履歴書を郵送いただくことで、書類選考を実施し、見送ることへの正当性を持たせることができます。もちろん、年齢が高いような理由で見送るつもりだったが、履歴書を見た結果、面接をしたくなる可能性も十分にでてくると思います。

（応募→一次面接）率向上チェックポイント

☐	応募から３分以内に電話連絡（AP領域は面接日確定、社員領域は経歴確認（５分位）の上、面接日確定）。
☐	応募から３分以内連絡で経歴確認する時間がないと言われた場合は電話面談日時を調整する。
☐	履歴書郵送は「見送る理由」を見つけるために実施。
☐	アルバイトパート領域は履歴書不要が望ましく、面接に来たタイミングで会社側で用意したシートに記入してもらう。
☐	社員領域の履歴書・職務経歴書は電話での簡単なヒアリングを済ませたうえで、①既に履歴書・職務経歴書がデータである場合はメールにて送付をお願いする。②①がない場合は電話面談をベースに選考を実施し、面接にお越しいただく際は、ご持参いただく流れにする。 →急ぎの場合は、２次面接等最終面接時までに用意していただくでも問題ない。この場合は一次面接では簡単なプロフィールシートを面接時に記入させる。
☐	アルバイトパート領域は応募からの面接の日時をできるだけ早い日時で設定する。理想は当日または翌日。
☐	社員領域は応募からの面接の日時をできるだけ早い日程で設定する。必要に応じて土日や早朝・夜間対応をする。できれば応募から１週間以内に実施する。
☐	特に社員領域の場合、面接案内状にて面接の案内を送る。 内容は面接日時や場所の通知の他、面接担当予定者の簡単な経歴や人物タイプ、面接で確認しようと思っている質問事項、会社の簡単なプロフィール等を案内する。
☐	面接日の２日前には面接日時確認の電話、繋がらない場合はショートメッセージ等を残す。
☐	そもそも、応募者への連絡が取れない場合は、あきらめずに連絡を取り続ける。応募者リストとして、データベース管理をしていく。時間帯や曜日を変えて連絡し続ける。 ※特にアルバイトパート領域や有資格専門職系。

第3章　欲しい人材をしっかり動機づける・見抜く面接手法

・丁寧な面接案内状でポイントをあげる

　新卒や転職のような場合で会社説明会や面接までの間に少し日にちが空く場合は、丁寧な面接案内状を送付またはメールで届けることをお勧めします。これをすることで、「面接の当日ドタキャンが多い」という課題を減らすことに貢献します。

　面接案内状では「面接のアドバイス」や「会社の説明」、「面接官の特徴」や「社員一同でお待ちしています」その他、わかりやすい会社までの地図等も添えて送ります。採用競合がそこまではできてないだろうという「おもてなし」を応募者に実施し、感動を与えることが大切です。ちなみに、人材紹介会社経由の場合は人材紹介会社が面接案内状を応募者に送付しています。

　その他、面接の2日前に面接のリマインド連絡をすることも大切です。ポイントは2日前です。1日前や当日だと別件を仮に入れてしまっていてもその用事をずらすことが困難であるかもしれないし、1日前に連絡が取れなければ、当日になってしまうからです。

99

面接案内状の事例

面接のご案内

採用太郎様

株式会社○○人事部

　先日はメールにてご面接調整させていただきありがとうございました。以下、面接の詳細ご連絡になります。
　ぜひお会いできることを楽しみにしております。

記

【日時】2018 年 10 月 10 日（水）17 時スタート
　　　　※所要時間は 90 分を予定しています。
　　　　※受付の電話で「面接に来た旨」お伝えください。
【場所】本社（名古屋市中区栄 1 － 1 － 1 ○△ビル）
　　　　地下鉄「栄」駅○番出口より徒歩 3 分
　　　　※ 1 階がコンビニのビルになります。
【当日の流れ】
　　　　①人事（田中）より会社説明（目安 20 分）
　　　　　田中は入社 5 年目で営業畑から、人事に異動
　　　　　になったばかりの社員です。面接が不慣れな点
　　　　　もあるかと思いますが、一生懸命対応させてい
　　　　　ただきます。
　　　　②採用様の今までのご経歴の確認をさせていただ
　　　　　きます。（目安 30 分）
　　　　③採用様が当社でどのように活躍できるか等、具
　　　　　体的にお打合せさせていただきます。（30 分）
　　　　④面接を終えて、人事（木村）から客観的な面接
　　　　　のフィードバックをさせていただきます。
【面接や選考のポリシー】
　　対話重視、相互理解重視の面接・面談をさせていただいております。
せっかくのご縁でお話をさせていただく機会になります。いわゆる
面接と異なり、しっかりとコミュニケーションを取らせていただきます。

第3章　欲しい人材をしっかり動機づける・見抜く面接手法

（2）一次面接は「入社したい！」と思ってもらうことが大切

　さて、続いては面接に移っていきます。「面接」→「内定」の歩留り率が低く、その理由が会社側から見送る場合は求人原稿への記載内容と実際に求めている条件に乖離があることがあります。その点に関しては採用ペルソナを改めて見直すことが大切になります。

　逆に「内定を出したい！」と思って、社内稟議を通している間に求職者から選考辞退の連絡を受けたという経験をお持ちの方もいらっしゃると思います。

　ここでのテーマはズバリ「面接」のレベルを上げるということになります。よく言われる話になりますが、面接は「相互理解の場」であって、求職者も「会社を選ぶ場」になっていることから、相手を不快な気持ちにさせるコミュニケーションをしていては、面接後に辞退されてしまいます。

・面接は必ず口コミされることを知る。だからファンになってもらう

　まず面接の位置づけに関して解説します。繰り返しになりますが、面接は「相互理解の場」であり、「求職者も会社を選ぶ場」になります。この前提を理解したうえで、もう少し深くみていきます。まずは面接回数の検討です。

　アルバイトやパートの面接は1回で問題ありません。できるだけその場で意思決定し、内定の場合はいつから来てもらえるかまで全て話をするようにしましょう。しっかりとクロージングをすることがポイントです。

　続いて、社員採用の場合です。新卒採用は3回〜4回の選考でも問題はないですが、中途の場合は2回をお勧めします。現状が1回の場合は後程説明します条件面談の場を必ずセッティングするようにしてください。スピードが重要だと言いながら1回をお勧めしない理由としては、社員採用の場合はより長く働く場所を決めるシーンになります。後から確認したいことなども当然でてきますし、雇用する側もしっかりと見定める必要があるため、気になった点を次回の面接で確認していくことが大切になるからです。

　また、社員採用の場合ですが、一次面接は人事や配属予定先の上長など

101

による面接をするようにしてください。ここでは判断に迷ったら、その面接は通過させてください。気になったポイントを二次面接の面接官（社長など）にしっかりと伝えるようにしてください。

　そして、一番大切なことは、「面接は必ず口コミされることを知る。だからファンになってもらう。」ということを理解しておくことです。面接の後、応募者はほぼ100％の確率で今日の面接の感想を家族や友達、恋人、時にはネットで共有します。悪いケースでいうと「圧迫面接でやる気をなくした」「あそこの商品は買いたくもない…！」というメッセージとして友達に伝わるかもしれません。逆に「この会社はぜひ入社したい！とても感動したよ！」「もし仕事探すなら、絶対ここは受けた方がいいよ！」というメッセージとして伝わるかもしれません。せっかく口コミされるならマイナスよりも、プラスのコメントとして共有される方がよくありませんか？

　例えば、ある京都の運送会社ではドライバーの面接時に、ケーキと紅茶を出されています。ドライバーの面接でケーキ？と少しギャップはあるかもしれませんが、出されて気分を害する方はほとんどいらっしゃらないと思います。しっかりとおもてなしをしながら、選考をすることが大切です。採用競合がやらないことを先にやることがやはりここでも大切です。

　つまり、今日面接に来てくれた応募者の友達や知人には同じようなキャリアの友達がいるということをぜひ知ってください。そこからの口コミ威力はバカにできない威力を発揮する場合もあります。特に専門性の高いお仕事（看護師・介護士や理系職種）は学校の先輩・同級生・後輩に伝わるということを忘れないでください。

第3章 欲しい人材をしっかり動機づける・見抜く面接手法

応募者は面接終了後、良くも悪くも共有する

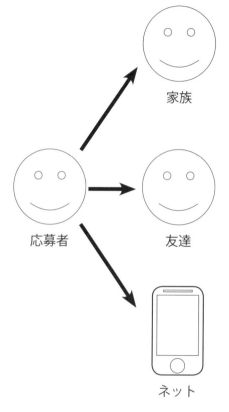

・BtoC商品の場合は購買に影響する可能性があります。
・もしかしたら、その家族の身内に得意先で働く人がいるかも…。

・BtoC商品の場合は購買に影響する可能性があります。
・応募者の友達には似たようなキャリアや資格者が多い。
専門性のある職場では注意！

・ネットの口コミサイト等で、書き込まれると一気に拡散する可能性があります。
対応を甘く考えると、応募者が激減という事例も確認しています。

・一次面接の心遣い

　ちょっとした心遣いができるか否かで応募者への会社の印象はかわります。面接前に面接案内状をご案内することを先ほどふれましたが、面接の当日も色々と心遣いをすることが大切です。例えば、運送会社や製造業の工業団地に入っている会社にありがちなのが、入口がどこかわからないケースです。会社には辿り着いているが、受付や総務の場所がわからない。実は面接に来ない理由に、面接地にたどり着いているが、どこから入ったらいいのかわからないや、この時点でなんだか怖そう、という理由で面接を受けずに帰っている方は相当数いらっしゃると思います。社長や社員からすると毎日の当たり前のことですが、初めて来る人にとってわかりやすいのかどうか、もう一度改めて考えてみることが大切です。

　その他には面接をする会議室に通した後、待ち時間が多いのも非常に緊張します。その際に、例えば、「今日は面接にお越しいただき、ありがとうございます。」というメッセージとともに、会社パンフレット等が置かれていると、面接の前に少し目を通すこともできると思います。相手の立場に立ち、心遣いをすることがとても大切です。

・面接のトレーニングをしたことがありますか？

　面接は非常に大切な選考プロセスになりますが、面接の練習をしたことがない面接官が多いのも実情です。面接の直前に職務経歴書を読み、場当たり的な面接をしていては、求職者を動機づけることも難しくなります。ここでのポイントは面接を実施する社員の面接の品質を保つために、面接のシナリオをしっかりと作りこみ、実際に面接でできるようにロールプレイングをしておくことが大切です。

　一番やってはいけないのは、面接官が求職者に開口一番、「いきなり面接やれ！って言われて、私も緊張しています」のようなセリフです。求職者には場当たり的にやっているような印象を与え、会社に対しても安心できなくなります。ぜひ、事前の準備をしっかりするようにしましょう。

　今回は特に一次面接で使える動機づけ面接の効果的なシナリオを特別にご案内させていただきます。ぜひ、活用してください。

第3章　欲しい人材をしっかり動機づける・見抜く面接手法

　ちなみに、著者はこのシナリオに沿った面接を実施した結果、お見送りした求職者の方が他社に転職した後に、「一緒に仕事がしたい」と連絡をいただき、採用定着支援のお仕事をいただいたことが何度もあります。

①アイスブレイク（3分）

　いわゆる緊張をほぐす時間に利用します。例えば、「迷わずに来れましたか？」「今日は暑いですね」のような会話や暑い日は冷たいお茶、寒い日は温かいお茶を用意し、「まずはお茶でも飲んで一呼吸おいてください」のような入りをすることも大切です。また、簡単な自己紹介として、「本日、面接させていただく○○部の△△です。本日はよろしくお願いします」、程度の挨拶も忘れないようにしましょう。

②本日の流れの説明（2分）

　本日の面接の流れや所要時間を説明します。「対話を重視することを大切にしています」等面接のポリシー・大切にしていることがあれば、しっかり伝えるようにします。

③自己紹介・会社説明・求人説明（20分〜30分）

　自己紹介・会社説明・求人説明を20分〜30分程度かけてしっかりプレゼンテーションをしましょう。重要なことは面接官が熱く語ることです。ここで面接官が熱く語れるかどうか、プレゼンテーションできるかが、この後の面接の中で、応募者も本気で話してくれるかが分かれるポイントになります。

　例えば、自己紹介からの入りだしですが、次のようなイメージでしっかりと自己紹介をしてください。

　「私は○○課の田中といいます。入社4年目で中途入社です。前職では△△をやっていましたが、××のキャリアを積みたいと思い、今の会社に転職をしました。今は□□という会社の理念を実現するために、◇◇に従事してがんばっています。私の自己紹介はこれくらいにして、続いて、会社の説明をさせていただきますね」と、このような流れで始めていきます。

　続いての会社説明の流れは次の通りです。

105

「私たちの会社は○○年に創業した会社になります。現在では△△の分野でシェアが◇◇％あります。あまり知られてはいないのですが、いわゆるニッチトップの会社になります。私たちが大切にしている考え方は●●という経営理念になります」

そして、次は今回のお仕事の詳細や募集背景の説明になります。

「今回、私たちは●●のお仕事で人材を募集しております。●●のお仕事は具体的にいうと、△△をやるようなお仕事になります。この業界にいらっしゃらないと伝わりにくいかもしれませんが、簡単に言うと、□□のようなことをやるお仕事になります。そして、今回は次の◆◆経営計画の中で、この部門を強化するという計画を立て、この部門を強化することで、○○を実現したいと思っています。」のような流れで、お仕事内容と募集背景の説明をしっかりしていきます。全体を通して大切なことは熱く語り、相手にイメージしていただくこと、共感していただくことになります。

④理解度・貢献ポイントの確認（10分）

先ほど③において会社説明や今回の求人内容や募集背景を説明しました。続いては、応募者に対して、会社のこと・求人のことが理解できたかどうか、理解できていなかったらどこが理解できていないか（質問力を見る）を行います。さらに、今回の求人に対して、応募者がどのような点で貢献できるかどうかを確認していく流れになります。

中途採用など即戦力性の高い応募者程、具体的に話してもらうようにしましょう。逆に未経験の場合や新卒の場合はやる気や意志にフォーカスし、そのやる気や意志の根拠を確認していくとよいでしょう。

⑤応募者の夢や目標の確認（10分）

そして、次のステップは応募者の夢や目標をしっかりと把握していく流れになります。夢や目標、キャリアをどんな風に作っていきたいか等を具体的に確認していきます。この過程で中途社員の場合は転職理由も明確になります。また、志望動機へとも繋がります。

ちなみに、中途社員ほどこのような質問を受け慣れていないので、抽象的な表現になったり、ためらったりします。その際は「具体的にはど

のようなことですか?」という質問を重ねながら、応募者の思考を見るようにすることが大切です。少し時間をかけてでもしっかり聞くように心がけてください。

また、会社説明の時に、面接官が熱く語ることで、応募者も「そこまで語っていいんだ!」というスタンスになります。ここで本音が聞けないのはある意味、面接官が熱くなれていないからだと思います。ぜひ、出だしの面接官の自己紹介を頑張ってください。

⑥履歴書や職務経歴で気になる点をチェック（5分）

「転職回数が多い」や「ブランク期間が長い」場合は、必ずその理由をチェックするようにしましょう。「嘘をついているな」や「合理性がないな」という場合は、この点では前向きに考えず、見送る判断をされることをお勧めします。

中小企業の場合、転職回数5社以上などと転職が多い応募者や、そもそも質が低い応募者しか来ないと思っている方も多いと思います。ここで、重箱の隅をつつきだすと、多くの応募者が見送りになってしまうと思います。また、あまり突っ込みすぎると、圧迫面接と捉えられる可能性もあるので、主に直近の話を確認するなど工夫をするようにしましょう。

必ずしも転職癖や応募者の質が低いということが今回も続くとは限りません。面接で見極めることは正直難しいです。

ちなみに、話はそれますが、著者のクライアントでも、入社後に反社会勢力との付き合いが判明したり、経理担当者が横領をしていたりと履歴書や職務経歴、短い面接時間ではいくら工夫をしても見抜けない事案は起こりえます。これは人材紹介会社経由で高いお金をかけて採用しようが、ハローワークからの応募だろうが、人のことは最終的には見抜けないと思ってください。そのため、逆に問題が起きた際に、スグに厳格な対応ができるように、また、横領などの場合は、そうならない会社システム（仕組み）の構築をしていくことが大切になってきます。人の問題は応募者が集まらなければ、それはそれで悩みますし、採用できたらいろいろと問題が起きて悩む、という悩みの尽きない問題だと思います。

⑦前向き応募者へのキラートーク（5分）

　一次面接の最終フェーズになります。一次面接を通過させたいと思った応募者に対してですが、改めて応募者の夢や目標に対して、共感と敬意を払い、「うちの会社だとその夢や目標の実現を目指せる環境がある！一緒にがんばろう！」と言い切ってください。このセリフを聞くと応募者はグッと前向きになります。

　しっかりと自社の経営理念、使命等を紐解くと、多くのケースで応募者の夢の実現に向けてサポートできる繋がりは見いだせるはずです。応募者と会社の目指している方向の共通項・重なり合う点を見つけ、しっかりと言葉で伝えることで、応募者も前向きになれます。ここで面接官に熱く口説かれて嫌な気分をする応募者はほとんどいないと思います。

　もし、ここでやる気あふれる表情にならない場合は夢や目標をその場しのぎで言っていたか、本音で話せていなかったのだと思いますが、それでもこのやりとりをされるだけで、多くの応募者はあなたの会社への意欲は高まる結果になります。

第3章　欲しい人材をしっかり動機づける・見抜く面接手法

面接評定シート

面接日			場所	
応募者名			連絡先	
面接者	所属		氏名	

（1評価できない〜5とても評価できる）

評価項目	評価内容	評価理由	評価 1-5
欲しい経験・専門知識	○		
	×		
スタンス	○		
	×		
タフさ	○		
	×		
主体レベル・自走性	○		
	×		
コミュニケーションスタイル	○		
	×		
今回求める能力スキル	○		
	×		
転職ストーリー 転職理由→目標→志望理由や貢献ポイント	○（納得）		
	×（気になる）		
価値観・印象・キャラクターと社風のマッチング	どうマネジメントしていくか？		
直感の印象、候補者の良い点、採用したら気になる点、根拠となる特徴やしぐさ、言動			
申送事項		総合評価	A　B　C　D

109

・入社したいと思わせる一次面接の流れ

　このように一次面接の目的の１つには面接の場で応募者に自分の会社を選んでもらえるような動機づけをすることがあげられます。この「相互理解の場」という観点が薄いと、面接の中で質問ばかりしてしまうことになります。特に多くの中小企業はホームページなどでの情報量が少ないため、求職者が皆さんの会社をしっかり調べる術がありません。そのため、一次面接の場で会社の魅力や詳しい事業内容や強み、その他採用背景等も十分に伝えるようにしましょう。

　これらの情報を応募者にご理解いただいたうえで、その応募者に「どんなことに貢献できますか？　また、その理由はなぜですか？」と聞くことで、応募者の「理解力」や「プレゼンテーションスキル」を見ることができます。また、応募者に現状をしっかりと知ってもらい、そこへの貢献度をプレゼンテーションいただくことで、面接の中で当事者意識を持たせていくことも可能です。ぜひ、「動機づける」ということを意識してください。

　また、動機づける場と考える場合、面接というセッティングではなく、一次面接の変わりに、いわゆる会社説明会のような流れをくむこともお勧めです。大学の新卒採用の場合は複数の学生を集め、会社の魅力などをプレゼンテーションする形をとる会社も多いですが、それを中途採用でも実施するということです。これをやることで、逆に書類選考は一切しないで、応募者全員を会社説明会に呼ぶことができます。最近の若者の傾向として、「選考で落ちること」のストレスは非常に高いようです。会社説明会という場を作ることで、書類選考で見送られるというストレスを軽減させることができます。

・注目のフィードバック面接で動機を高める

　続いては面接の中でフィードバックの時間をしっかりと取ることも大切です。一通り面接での相互理解の時間を終えましたら、「ここからは今日の面接のフィードバックをさせていただきます」と応募者にも伝え、面接官の立ち位置から、良かった点・悪かった点など、「あなたのことをこんな風に受け取りました」というフィードバックをするようにしてください。

第3章　欲しい人材をしっかり動機づける・見抜く面接手法

応募者は面接の中で、いったい自分がどんな風に映っているのかわかりません。単に見送りの場合は、「ご縁がありませんでした」の一文による説明が返ってくるだけになります。そのため、フィードバックの時間を持つことで、応募者の会社の印象もよくなりますし、もし会社側の受け取り方がプレゼンテーションしたことと違った受け取り方だった場合、修正をすることもできます。お互いの認識の減らし、ミスマッチを減らすことにも繋がります。

（一次面接→最終面接）率向上チェックポイント

☐	合否の結果は一次面接合格の場合はできるだけ早く伝える。 →最終面接の日時調整が難航しそうな場合でもまずは合格であることを伝えておく。
☐	一次面接の評価ポイントを具体的に伝える。また、課題に感じたところも具体的に伝える。
☐	最終面接のポイントを具体的に伝える。
☐	最終面接の面接案内状を送付する。
☐	一次面接通過と合わせて、他社状況を電話でヒアリングしておく。
☐	最終面接の直前に人事から最終面接のポイントを改めて伝える。 →求職者に人事は求職者の味方だと思ってもらうことが大切。
☐	最終面接が終わった直後に人事のフォロー面談を実施する。 →内定がでたら入社するかなど本音の確認をする。

（3）最終面接での「選考のポイント」

・最終面接は迷ったら落とせ

　二次面接では社長や役員などが中心になると思いますが、ここでのポイントは「迷ったら採用しないでください」ということです。社長の判断で「迷って採った」結果が「後で良かった！」となることは、ほとんど聞いたことがありません。迷って採った人材が入社後に何かミスをした時に「採らなきゃよかった」という表情がそのまま社長の表情にもでてしまいます。正社員を採用するということは、人件費などで考えると退職まで仮に雇ったとすると２億円程度の投資であることを肝に銘じてください。

・選ぶ力の磨き方

　最終面接では何よりも選ぶ力が求められます。目の前の応募者は当社で活躍できるのか。スグ活躍できそうなのか、少し時間はかかるのか、今回の採用背景はそもそもなんだったのか等、慎重に検討しなければいけません。また、同時に応募者はこの社長についていってよいか、という視点で会社を見定めています。

　こう考えると根掘り葉掘り聞くことよりも、より核心を突いた質問が求められ、また、会社の方向性や方針をズバッと説明することが求められます。つまり、これは日ごろから訓練をしておく必要があります。

　１つ目は、核心をつく質問です。これは一次面接や会社説明会にて、事業内容などは応募者にしっかりと説明しているという前提に立ち、次のような質問を投げかけることをお勧めします。「前回の面接で当社の事業説明を人事からされたと思うが、どのような点で当社に貢献できると思いますか？　また、その理由を具体的に説明してください」この質問で即戦力性の高い人材で答えられない場合は、不採用で問題ないと思います。若手に関しては会社のことを勉強してきたか等がポイントになると思います。具体的な説明などはなかなか出てこないと思うので、そこは意志を尊重してください。そして、もう１つの質問は「今回の転職理由はなんですか？（新卒には志望理由の確認）」ということです。

112

第3章　欲しい人材をしっかり動機づける・見抜く面接手法

　中途採用の場合は直近の仕事を辞める理由をしっかりと確認してください。表面上のキャリアアップ等をいうタイプは自己中心的なタイプが多く、また、しっかりと確認していくと経営者への不満をいうものも多いです。ここでの確認ポイントは「具体的に」話してもらうことになります。「最終の転職を決めた引き金はなんだったのか」や「引き金を引くためにため込んだ不満ってどんなことがあったのか」ということの確認です。このような質問を投げかけることで本音を引き出しやすくなります。これらを確認して、経営者として、受け入れられるかを判断してください。新卒の場合は最終面接では志望動機をぜひ確認してください。また他社も同時に受けていることを承知したうえで、最終面接ではしっかりと確認することが大切です。ここで志望度が低い（具体的に言えない）場合は、学生ではなく採用担当者のプレゼンテーションに課題がある場合があるので、採用のブランディングなどから見直すことが必要かもしれません。

　2つ目は応募者に向けて、自社の魅力を1分から3分程度で引き込むようなプレゼンテーションができることです。営業シーンにおいては、このプレゼンテーションが得意な社長は多いですが、相手が応募者ということは少し視点が変わります。

　しっかりと相手の目を見て、理念やビジョン、事業の面白さを伝え、一緒に成長できる環境であることを熱く語ってください。ここでの「聞き方」「聞く姿勢」で社長自身もある程度、見極めができていると思います。特に若手はしっかりと目を輝かせながら話を聞いているか等をぜひチェックしてください。

113

（最終面接→条件面談）率向上チェックポイント

☐	合否の結果は最終面接が合格の場合はできるだけ早く伝える。 →「内定」と言う言葉は面談時になって初めて伝えること。 →最終面接が合格であり、内定状態ではないことが重要。
☐	条件面談を実施する。 →条件面談では、書面による条件の通知並びに評価ポイント、期待しているポイントを伝える。 →不安に思っていることがないかも併せて確認。
☐	内定通知書は「条件付き」内定通知書にすることがポイント →例えば、「入社意思をもって内定とする」という一言を入れておく。 →例えば、「入社日を内定通知から３か月以内に入社することを条件する」という一言を入れておく。
☐	回答期限は他社状況も踏まえ、１週間〜２週間とする。
☐	内定を出す前に食事会を実施することでお互いの本音を確認することも大切だが、逆にこちらが本音を出しすぎることもあるので、実施する際は位置づけや意味を考えて実施すること。

・最終面接後の採用担当者のフォローが重要

　社長などの最終面接を終えた後に、人事担当者によるフォロー面談を応募者に実施するようにしましょう。率直な感想や他社の選考状況の確認、内定となった場合の意欲もしっかりと聞いておくことが大切です。社長の前では当然、緊張しています。人事担当者として、応募者の味方だというスタンスをしっかりと一次面接から作り、「私はあなたをサポートする立場です」というスタンスで本音を聞きだすことが重要です。

　ここでの採用担当者のフォローでグッと前向きに応募者をさせることも、また逆にさせることもできます。最終面接後、スグに別の応接などに移動していただき、併せて社長に合否を確認し、合格の場合はぜひ期待を伝え、動機づけするようにしましょう。採用担当の腕の見せどころになります。

　また、これもよくある事例ですが、面接回数が１回という会社もよく聞きます。社長が面接をして、その場で「よし、内定だ！　いつから来れる!?」というパターンです。このやり方の場合、確証をもって、入社いただけそうな場合はこれでもよいですが、あまりお勧めできません。勢いでクロー

第3章　欲しい人材をしっかり動機づける・見抜く面接手法

ジングされた方は、入社後の納得感がそれほど高くなく、早期退職をする
率が高まる傾向にあるからです。1回の面接の場合であれば、社長1人で
面接をするのではなく、人事など管理部門も同席をすること、また、人事
など管理部門から条件面談の場を設け、条件の説明並びに不安に感じてい
ることなどを確認するようにしましょう。

　オーナー色の強い経営者ほど、1回の面接で条件なども満足に説明する
ことなく、来週から来てくれるか！という話をされる方が多い印象を持ち
ます。このやり方ではその場で意思決定させることができたとしても、条
件面の確認などのトラブルも起きてしまうので、くれぐれもご注意くださ
い。

一次面接と最終面接の役割

	一次面接	最終面接
位置づけ	・動機づけをする ・ファンになってもらう	・見極める
実施 ポイント	・会社・仕事の説明をする ・夢・目標の確認と仕事で達成できるポイントを見つける	・迷ったら見送りにする ・採用方向の方に関しては、夢や目標を認め、当社で達成できるポイントを提案する。
注意 ポイント	・質問攻めにしない ・相手にも評価されている	・質問攻めにしない ・相手にも評価されている

115

（4）アルバイト・パートの入社率を上げる面接のポイント

　アルバイト・パートの場合は上記のプロセスを一気に詰めて、1回の面接で全てをやることになります。1回の面接で45分〜60分の時間を取り、以下のような時間配分で対応していくことをお勧めします。

履歴書の記入（5分）

　履歴書不要のご連絡をしているケースは履歴書を書いてもらいましょう。名前や住所、学歴など必要最低限の情報で良いと思います。各社オリジナルのフォーマットでも問題ないです。記入を終えたら、先にお預かりし、次のステップに移ります。

会社の紹介動画（3分〜5分）

　会社やお店の紹介動画を見ていただきます。キレイに作る必要は全くありません。例えば、飲食店の場合は店長が「うちのお店は○○のお店で、△△を大切にしているお店です。」というメッセージを発信、他のアルバイト・パートスタッフの動画に移り、「ここのバイトは□□でとても楽しいですよ」のような情報があれば問題ないです。

　できるだけ多くのアルバイトやパートを見てもらうことで働くイメージができると思います。カッコよく編集する必要はありませんが、最近はスマホのアプリで簡単にできるようなので、そのようなことが得意なスタッフがいる場合は作ってもらうのもよいと思います。

ここから面接（30分）

　面接は30分程度の時間を取ります。まずは「手作り感ある動画でしたが、どんな感想を持ちましたか？」のような質問から入っていただくのがいいと思います。続いて、事前に確認した履歴書から気になるポイントの確認です。趣味の話などどんなライフスタイルなのかを押さえておくことが大切です。続いて、労働条件の説明を書面で行います。説明をしながら、シフトはどれくらい入れるか等も併せて確認していきます。

クロージング（5分）

　その場で、採用してもよいという判断の場合はクロージングをしてください。アルバイトやパートであっても労働契約書をしっかりと締結させることが大切です。労働条件をしっかり説明し、クロージングに至った場合は入社日も決めて、署名させてください。捺印に関しては、入社日にハンコを持ってきてもらえばよいです。入社日はできるだけ早い日程で設定し、入社日の前日は「明日からよろしくお願いします」の旨の連絡を1本入れておくと入社ドタキャンの改善にも繋がります。また、このコミュニケーションはLINEをクロージングのタイミングで交換し、LINEで連絡する程度のコミュニケーションで十分です。

　検討する必要がある場合には、いつまでに返事ができるかをしっかりと伝えてください。

第3章のチェックポイント
欲しい人材をしっかり動機づける・見抜く面接手法

応募者を面接に呼び込むのは大変

面接に来た応募者をいかに動機づけるか、見抜くか‼

一次面接 動機づける		最終面接 見抜く

- ・ファンにする
- ・良くも悪くも口コミされる
- ・フィードバック面接
- ・面接トレーニング

- ・社長は迷ったら落とせ！
- ・見抜く力
- ・社長面接後は人事フォロー

☐ 応募者への対応は3分以内！
☐ ちょっとした「オモテナシ」で他社を差別化
☐ 一次面接は応募者にファンになってもらうことが重要
☐ 最終面接はその後のフォローが重要

第4章
内定からが本番！欲しい人材を「しっかり」入社させる

（1）最終面接の合否結果はできるだけ「早く」だす

（2）条件面談で「評価、期待と役割、条件」をしっかりと伝える

（3）退職フォローをしっかりやる！　優秀層ほど引き留められる

（4）内定通知書、雇用契約書などの書面で会社を守る

（1）最終面接の合否結果はできるだけ「早く」だす

・早い結果が前向きに繋がる理由

　最終面接が終わると、一緒に働きたいと思った応募者には内定を出す流れになります。内定の連絡はできるだけ早くするべきなので、電話などで一報を伝えます。ただし、電話で最終面接に合格したということは伝えていただいて構いませんが、「内定」という言葉は使わないようにしましょう。最終面接が合格なので、条件面や今後の流れをお伝えしたいので、面談にお越しいただけないか、ということを伝えていくことが大切です。内定を先に伝えてしまうと、取り消すことが非常に難しくなるので、内定という言葉はここでは使わないことが大切です。ただし、前向きなことを早く伝えることで応募者は評価されていることをよい方に捉えます。

　また、電話で一報を伝える際には、改めて他社への応募状況や志望度の確認もするようにしましょう。

・「内定」とは伝えない

　余談ですが内定という言葉の使い方は慎重にお願いします。「内定」と言ってしまった時点で法的な効力を持つと考えてください。その後、「内定を取り消す」となった際、非常に面倒な話になってしまいます。例えばよくあるのが、今も他社で仕事をしている現職の内定者が退職交渉でもつれ、入社がスグにできない場合です。会社としてスグに来て欲しいのに、半年後と言われたとします。この場合でも、入社日の条件を事前にしっかりと付けずに「入社日は任せます」のようなことを軽はずみに言っていた場合、入社日が遅れることでの内定取り消しは原則できません。内定を出す際は口頭などでやるのではなく、しっかりと社労士や弁護士などの専門家に作成いただいた守備力の強い書面をもって内定周り、入社周りの契約書を揃えておくことが大切です。結果、会社を守ることにも繋がります。

・内定を出して、入社する率を知る

　しっかりと選考をして、内定を出した後、応募者から断りの連絡がきた。このような経験をされた方も多いと思います。もし気になる場合はちゃん

第4章　内定からが本番！欲しい人材を「しっかり」入社させる

と数字で把握しておくことが大切です。内定から入社する率として数字を出すことが大切です。この歩留まり率は当然高いにこしたことはないのですが、50％を下回るような場合は非常に問題があります。

　この歩留まり率を高めるための施策として、2つご説明させていただきます。

　1つ目は「他社状況」にあると思います。志望はしているが、入社に至らない場合は新卒では他社に負けたということになります。転職の場合は現職に残るという判断もあるかもしれませんが、結果的には現職も含め、他社に負けたことになります。採用競合がどのようなことをやっているのか、どれくらいの条件を出しているのか等を分析することが大切です。実際に、辞退をされた求職者に対して、その後、インタビュー調査等をしている会社もあります。どのポイントで負けたのか、勝っていたのか、実際のお仕事選びのポイントはどこだったのか、このあたりをしっかり聞くことが採用担当のスキルアップにも繋がります。ただし、求職者がこのような対応に応じていただける人間関係を、面接などの選考過程を通じ、構築するスキルが必要になります。もし応じていただける方が少ない場合には、面接など選考過程そのものを見直す必要があります。

　2つ目は、前章の選ぶ力でもあげましたが、最終面接での社長のプレゼンテーションは入社率にも大きく影響をします。その理由は中小企業はなんといっても社長が全てです。もっと社長のプレゼンテーションが魅力的になるように何を伝えるか、どう伝えるかを学んでください。あえてプレゼンテーションという表現をしたのは、面接をしながら、会社のこと、社長のことを求職者に知ってもらうことが一番大切な場になるからです。ここで社長に決めてもらわなければいけないことは、「今までの面接のやり方で入社してくれる求職者だけが来てくれたらいい」と思うのか、「少しプレゼンテーションのやり方を変えて、入社いただける方を増やしたい」と考えるのか、これは社長の意思決定の話になります。

　もし、後者を選択されるのであれば、ぜひ会社のこと、社長のことをプレゼンテーションする練習をするようにしてください。練習をすれば必ずうまく伝えられるようになります。

121

（2）条件面談で
「評価、期待と役割、条件」をしっかりと伝える

・条件面談で面接での評価、入社後の期待や役割、雇用条件を伝える

　さて、電話で最終面接が合格の旨を伝え、続いて、条件面談を実施します。条件面談実施時は「交通費を支給する」や「お食事に行く」こともよいと思います。食事に行く際は気を緩めすぎて横柄な態度になりすぎるリスクが企業側・求職者側双方にあるので、そのことも踏まえてランチ位に留めるのがよいと思います。

　なお、交通費の精算をするという理由で「印鑑」を持参させておくことで、その場で雇用契約書を締結完了させることもできます。その場で入社意思決定のクロージングができそうな場合は、ぜひ意思決定通知書等に署名・捺印をもらうようにしましょう。

条件面談で何を伝えるか①（条件面をしっかり伝える）

　条件面談では、その言葉通り、入社いただいた際の雇用条件の中身をしっかりと書面をもって伝えることが大切です。雇用条件通知書と合わせて、内定の通知と労働契約書も用意し、クロージングをしていくことが大切です。

　ただし、これらの書面は法的にも重要な書面となりますので、注意ポイントがあります。

　例えば、現職のケースですが、退職交渉の結果、入社予定日に入社できないケースがあります。その場合、「会社としていつまで待てるのか」を事前に決めておく必要があります。最終の入社予定日までに入社できない場合は「内定を取り消すこともある」などの条件つきの内定通知にしておくことも大切なポイントになります。

　また、給与記載に関しても、人事制度・賃金制度がしっかり運用されている場合は問題ないですが、特に幹部社員・管理職社員を採用する際は十分に気をつけてください。人事制度・賃金制度上よりも高い月給を払う際は条件通知書上も、契約書上も「調整給」との名目で支給していくことが大切です。入社6か月は「調整給」を支払うが、以降は実績を鑑み、「基本給に算入する」か「調整給として継続」するか、「調整給を外す」かの

第4章　内定からが本番！欲しい人材を「しっかり」入社させる

オプションを会社側が持てるようにしておくことが大切です。ただし、求職者との間で、どのような時に「基本給に算入する」か「調整給として継続」か「調整給を外す」を予め決めておくことが重要となります。

　なお、内定に関しては、「本人が労働条件通知書に合意し、入社意思を示した場合に内定とする」という内定条件を付けておくことで、一定の意思決定及び内定の乱発を防ぐことができます。

労働条件通知書

年　　　月　　　日

　氏　名　　　　　　　　　　　　殿

　現住所　　　　　　　　　　　　　　　　　　　

あなたを採用するに当たっての労働条件は、つぎのとおりです。
必要により別添を設ける場合があります。

入社日　　　　年　　月　　日 退職交渉の結果、入社日が変更になる場合は最大2か月まで入社日を伸ばすことを認めます。2か月を超える場合は内定を取り消しとさせて頂きます。	勤務地

従事すべき仕事内容

雇用形態
契約社員の場合：　　年　月　　日から　　　年　月　　日迄
契約更新の有無〔　自動的に更新する　・　更新する場合があり得る　・　更新なし　〕
契約更新の判断〔契約期間満了時の業務量　勤務成績・態度　能力　会社の経営状況　仕事の進捗〕

試用期間　　　　　年　　月　　日から　　　年　　月　　日迄を試用期間とする。

就業時間　　午前　　時　　分から午後　　　時　　　分まで
休憩時間　　午後　　時より午後　　時　　　分まで

休　日

有給休暇　　法定どおり。
　　　　　　　　ただし、事業の都合等によりやむを得ない場合には時期を変更して与えることがある。

時間外労働　所定労働時間を超えて勤務を命じる場合がある。

賃　金　　1、基本給　　　　　　　　　　円
　　　　　　　2、　　　手当　　　　　　　　円
　　　　　　　3、　　　手当　　　　　　　　円
　　　　　　　4、　　　手当　　　　　　　　円
　　　　　　　5、通勤手当　　　　　　円（上限　　　　　　　　円）
　　　　　　　6、インセンティブに関して

福利厚生　　昇給制度あり、賞与あり（会社業績等による）、社会保険完備

退職事項　　定年制　　歳の誕生日の翌日まで
　　　　　　　　自己都合退職の場合は退職日の2か月前までに届け出、承認を得る事。

賃金締切日　毎月　　　日	**賃金支払日**　当月　　　日

賃金支払時に控除する項目
　（源泉税・健康保険・厚生年金・介護保険・雇用保険・住民税・その他）

その他　　事業主と従業員との間でその都度協議することとする。

事業主
住　所
氏　名　　　　　　　　　　印

年　　月　　日

○○殿

○○株式会社
代表取締役　○○○○　印

内定通知書

１．厳正に審査を行った結果、　　　　年　　　月　　　日付で貴殿を採用することを
決定しましたので、お知らせいたします。つきましては、　　月　　日までに下記書類
を当社管理部へご郵送ください。

（１）入社誓約書（本通知書に同封）
（２）雇用契約書
（３）入社承諾書
（４）身元保証書（本通知書に同封）
（５）住民票記載事項証明書
（６）新卒入社の場合は卒業見込み証明書（学生の場合）
（７）履歴書及び職務経歴書（面接時などに提出している場合を除く）
（８）その他（　　　　　　　　　　　　　　　　　　　）

２．以下の事由が発生した時は、貴殿の採用内定を取り消す場合があります。
（１）上記提出書類を理由なく締切日までに送付されない場合
（２）履歴書等提出書類の記載事項に事実と相違した点があったとき
（３）学生の場合は入社日の前日までに学校を卒業できなかったとき
（４）入社日までに病気やケガ等、健康状態が悪化し、勤務に堪えないと認められたとき
（５）会社の名誉、信用及び社会的評価を損なう反社会的な行為が認められたとき
（６）現在職にある内定者で現職との退職交渉の結果、条件通知書で示した入社日より
　　　２か月を超える場合
（７）その他、前各号に準ずる事由により入社後の勤務が不適当と認められたとき

第4章 内定からが本番！欲しい人材を「しっかり」入社させる

雇用契約書

年　　月　　日

株式会社○○（以下甲という）と○○（以下乙という）とは、既に条件通知書をもって通知した労働条件に合意し雇用契約を締結する。

本契約書並びに条件通知書に記載が無いその他の労働条件については、別に定める就業規則、賃金規定その他の諸規定による。また、就業規則、賃金規定その他の諸規定に記載が無い事項の取り扱いについては、甲乙がその都度協議して決定するものとする。

　　　　年　　月　　日
(甲)　　　　　　　　　　　　　　　　(乙)
名称　　　　　　　　　　　　　　　　住所

所在地　　　　　　　　　　　　　　　氏名　　　　　　　　　印

代表者　　　　　　　　　印

条件面談で何を伝えるか②（期待をしっかり伝える）

もう１つ条件面談で大切なことはしっかりと何を期待しているか、どんな役割を担って欲しいか、現状の配属予定先の課題は何かなどを伝えることにあります。

選考プロセスを終えて、どんなところを会社としては評価して、なぜ迎え入れたいという決断に至ったのか、具体的に伝えれば伝えるほど、内定者はやる気に満ちあふれます。

そして、一次面接過程で個人の夢や目標が聞けている場合には、そこにもしっかりと触れて、「ぜひ○○さんの夢や目標の実現に向けて、一緒に成長していきたい！」という言葉も添えてください。

また、入社までに少し期間が空く場合などに関しては、課題を与えておくこともお勧めします。課題とは関連する本を読んでもらうやホームページで情報収集してもらう程度で十分です。もちろん、参考図書やホームページは企業側が用意しておくことが大切です。

なお、新卒の場合で長期間空く場合などは、集合研修など月１回程度実施することや内定者バイトとして、稼働いただくことをお勧めします。

・意思決定のクロージングをかける

条件面談の場では併せて、入社への意思確認も行うようにしましょう。特に若手の場合は、この中でクロージングをしっかりとかけていくことで入社率が高まります。結婚等をされている場合は、パートナーへの確認などが入るため、その場で意思決定する可能性は低いので無理にクロージングをかけるのではなく、「ご家族と最終的にしっかりと相談してください」ということを伝えることで結果、入社に至るケースが多いように思います。このあたりは人事の腕の見せ所になります。

また、新卒採用など若手社員の場合は親に相談することも多く、親が反対し内定を辞退するケースもよく見られます。いわゆる「オヤカク」とも呼ばれる、人事からすると頭を悩ませる問題となっています。しかし、このオヤカクも20代の若手社員がお仕事選びの中で親に相談をすることはむしろ健全なことであると理解し、逆に親にしっかりと会社のことを説明

126

する機会を作る方が賢明だと考えます。しっかりと親に会社のことを伝え、「責任をもって、当社で育てます！」と会って話をしておくことで、少々つらい時があっても、逆に親が会社の味方をしてくれるような関係性を構築しておく方がよくありませんか？

実際に京都の某中古自動車販売会社では新卒の親に向けた事業説明会や会社見学会等を実施し、親同士の懇親会等も行っております。結果、親を味方につけ、また地元の自動車販売会社ということで、営業面でもプラスに働いているのではないかと思います。この他、社長が家庭訪問をするという会社も中にはあります。社長自らが内定者の実家に訪問し、しっかりと育て上げる約束をする。日本全国の実家に社長が挨拶に行く。これはなかなかできることではありませんが、覚悟を直接伝えられると、親も納得するに違いありません。結局、採用や定着でうまくいっている会社は、スゴイ手間をかけていると言えます。

また、結婚されている方の場合も同様にお相手の方にも会社見学に来ていただき、会社を見ていただくことを推奨します。家族も巻き込んで一緒に厳しい時も、楽しい時も乗り越えていく仲間を作ることで、会社の成長も確かなモノになっていきます。

・回答期限を決める

内定を伝える時にもう1つ大切なことがあります。それは回答期限を設けることです。ここでも他社の選考状況などを事前に確認しておくことで、いつ頃まで待てるのかをうまく駆け引きしてください。

これから一次面接が始まるような会社の選考を全て待っていると、下手したら1か月等時間がかかります。その場合はその会社の選考を待つ必要はありません。概ね、1週間程度を回答期限に設定する場合が多いですが、ここは各社の状況を見て、ご判断ください。大切なことは「回答期限を設けない」ということはリスク（「3か月後に入社したいなど突然言われる」等）のある書面になりますので、必ず設けることです。仮に引き延ばした結果、応募者は他と比較して、どちらかというと他社に気持ちが高いので引き延ばすことになるのですが、他社が落ちたタイミングで「ではよろしくお願いします」と言われても、企業側もなんだか気持ち的に前向きにな

りにくいですし、求職者側も妥協したような感じになってしまい、その後もうまくいきにくいように思います。もちろん、会社のスタンスやコミュニケーションの中で、そのあたりも含めて採用したいということであれば問題はないです。

条件面談のまとめ

フェーズ	実施事項
条件を 伝える	条件通知書をベースに各条件を説明する ・給与 　⇒特に調整給などが発生する場合は慎重に ・福利厚生 ・入社予定日 　⇒現職の場合は最長いつまで待てるかも伝える
役割や期待を 伝える	期待や役割もしっかりと伝える ・面接での評価ポイントも併せて、仕事の役割や期待を伝える ・既に確認している夢や目標が当社ではかなえられ、一緒に頑張っていける環境にあることを伝える
クロージング	入社してもらえるどうかを確認する ・「ぜひ、入社して欲しいですがいかがですか？」と確認する ・その場で意思が決めれない場合は回答期限を設ける ・決めきれない場合はその理由を確認する

第4章　内定からが本番！欲しい人材を「しっかり」入社させる

（3）退職フォローをしっかりやる！
　　　　　　　　優秀層ほど引き留められる

・優秀な方ほど、強い引き留めに合う

　中途採用を受け入れる場合で入社予定者がまだ現職の際は注意が必要です。それは、入社予定者が現職の会社に対して、「退職交渉をする」という難問を控えているからです。一般的に現職の求職者は会社から内定と条件通知書等の書面が整い、内定受諾の連絡をあなたの会社にいれてから、現職の会社に退職の意思を伝え、退職願または退職届を提出する流れになります。しかし、今の求人市況もあり、また優秀な人材であればあるほど、この退職交渉は非常に難航します。転職回数が少ない方であれば、退職交渉をすることにストレスを強く感じられることも多いと思います。中には、「給料をもっとアップさせるから残ってくれないか」というような口説き文句とともに、退職させない交渉をする企業もあるほどです。

・退職交渉は孤独な闘いなので、しっかりフォローする

　そのため、退職交渉をしっかりとフォローしていくことも求人企業にとっては大切になります。このような状況の中で、受入企業として、この入社予定者をどうフォローしていくかということは、実は非常に大切なポイントになります。しっかりフォローし、尽くすことで入社後の頑張りにも影響すると思います。ポイントは以下の4点となります。

①退職交渉のやり方をレクチャーする

　内定通知や条件面談のタイミングなどで、併せて退職交渉のやり方のレクチャーや流れなどを記した簡単なマニュアルを案内することも大切だと思います。

　例えば、退職願と退職届にも違いがあります。退職願はあくまでもお伺いを立てている書面とも捉えられる可能性があります。一方で、退職届は意思を届けている書面になります。

　また、退職の意思を伝えるタイミングに関しては、1か月前や2か月前など就業規則の中で規定されていることが多いので、このようなポイ

129

ントも確認するようにアドバイスをしていきます。

　ちなみに、退職願と退職届では書かれている文章も少し異なります。厳密に読まれた方は少ないと思いますが、念のため、解説させていただきます。

退職願
「この度、一身上の都合により、勝手ながら20XX年XX月末日をもって退職いたしたく、ここにお願い申し上げます。」

退職届
「このたび、一身上の都合により、勝手ながら20XX年XX月末日をもって退職します」

　語尾が違うということですが、これが大切になります。退職願の場合は受理するかどうか会社側にボールがある状態となります。退職届の場合は議論の余地なく、その日に退職するという意思表示になります。

　また、テレビドラマではよく「辞表」という表現が出てきますが、辞表とは会社の場合では社長や取締役など雇用関係にない立場の人が務めている役職を辞めることを届ける書類となります。

　また、法律的な解釈では退職願や退職届をださずとも、口頭で伝えても問題ないことになっていますが、「言った、言わない」等の問題になることも多く、書面を介することが一般的となっています。
　口頭だけで処理をしてしまうと、退職者が労働局などに行き、「会社都合で退職になった」と説明し、会社側に調査・確認が入るというトラブルもよく聞く話としてあります。この際に、退職者から退職の申し入れによる自己都合退職であることが、書面があればスグに証明できますが、なければ時間や手間もとられてしまいます。そのためにも退職者から自己都合の申し入れにより契約解除となったことが証明できるように書面を取るようにしましょう。

第4章　内定からが本番！欲しい人材を「しっかり」入社させる

②退職交渉の進捗を確認する

　退職交渉にいつから入ったか、どんな感触だったか等もしっかりと確認していくようにしましょう。退職交渉の最初は多くのケースでは突き返されることが多く、そのまま「一度、引き下がったのか」それとも、「受諾してもらえたのか」によっても対応が異なります。できるだけ、しっかりと書面による通知をやりきるようにアドバイスするとともに、難航するようであれば、ストレスもたまってくるため、例えば、愚痴等を聞くようなことも採用担当者としてはやるべきだと思います。

　また、悪質な引き留めに合う場合（退職届を受け取ってくれない等）は、顧問社労士や弁護士に本人の了解を元に相談、場合によっては交渉を手助けすることもフォローとして進めてよいと言えます。中には実際に退職交渉を代行する会社もでてきております。ブラック企業ほど、退職届を出す上司が非常に怖く心理的圧力から提出できないという報告も挙がってきております。

　なお、逆に自社の社員から退職願や退職届を提出された場合に関して、少し説明を入れておきます。部下から退職願や退職届を出された場合、上司はいったん慰留し、受け取らないようにしてください。「もう1日考えてみてくれないか」等をいい、先延ばしをしてください。その後、社長や管理部門にどう取り扱えばよいか確認してください。経験が少ない上長は受け取ってしまいますが、受け取った事実を作ってしまうと、次の選択肢が狭くなります。また、一度、遺留することはある意味、ビジネスマナーともされています。たまに、この慰留マナーでその気になり、退職を考え直す方もいらっしゃいますが…。もちろん、評価が低いと判断している人材はこの限りではないです。

③入社予定日の考え方を決めておく

　入社予定日を予め、条件通知書等で記載をしていることが多いと思いますが、退職交渉が難航した場合も想定しておくことが重要です。ここではリスクヘッジとして、例えば、「入社日に関しては退職交渉が難航した場合など、最長でも○月○日までに入社日を延期することがある。ただし、○月○日までに入社ができない場合には本内定を取り消すことができる」のような一文を内定通知書や条件通知書で明示しておくこと

131

も必要となってきます。入社意思表示をいただいたことで、企業側もうれしく、少しでもよい対応をしようとし、「いつまででも待ちますよ」と言ってしまいがちですが、ぜひ冷静な判断をするようにしてください。特に社長は口頭でこのようなことをつい言ってしまいますが、後から社長ほど、「そんなことを言っていない。まだ入社できないなら、内定を取り消そう！」というセリフを何度か聞いたことがあります。

④しっかりと退職するための応援・フォローをする

　退職交渉が難航すると求職者には非常にストレスがかかり、場合によってはメンタル不全を起こしかねない状態になることがあります。しっかりと退職交渉をサポートする姿勢を見せ、安心してもらうことも「この会社を選んでよかった」と思ってもらえるポイントになると思います。

　また、この退職交渉のフォローの補足情報としては、人材紹介会社経由で採用するケースは、このあたりのフォローを人材紹介会社のキャリアアドバイザーも一緒になってサポートをしてくれることが多いです。採用スタッフがどうしても足りない場合などは、採用手法としてうまく人材紹介会社を活用することもお勧めと言えます。

　人材紹介会社経由以外の際は、ぜひ人事が退職のサポートをするようにしてください。

・「就業規則に退職は３か月前に伝える」と書かれていても心配なし

　ちなみにですが、就業規則に仮に、「退職の際は３か月前に退職届をもって届けること」などが規定されているケースもありますが、これはそもそも民法（第627条）違反となり、その点を指摘することができます。民法上の規定では、「当事者が雇用の期間を定めなかったときは、各当事者は、いつでも解約の申入れをすることができる。この場合において、雇用は、解約の申入れの日から二週間を経過することによって終了する。」という流れになっており、現状の判例等を鑑みると、最長で１か月というところに落ち着きます。そのため、３か月前というような場合は違法性が高く、就業規則が認められませんので、この点がネックの内定者にはこのようなアドバイスを是非してください。

第4章 内定からが本番！欲しい人材を「しっかり」入社させる

・タイミングよくフォローすることが大切

　退職に関してはフォローをしっかりすることが大切ですが、毎日連絡があると内定者もストレスに感じてしまうかもしれません。そのため、退職交渉が難航しそうな内定者の場合には、困ったらいつでも連絡をしてもらえるように、また、こちらからは週に1回等予め内定者と決めて連絡を取り合うような体制が望ましいと考えます。また、連絡の取り方もメールとかではなく、今だと LINE などによる対応でもよいと思います。しっかりとフォローしてもらえることで、内定者も入社後活躍したいという気持ちが強くなり、よりがんばってくれると思います。

（条件面談→入社）率向上チェックポイント

□	退職交渉のサポートをする →引き留められた時の対応、退職届の書き方、就業規則の考え方（3か月前に言うなどの就業規則もあるが、法的には無効であるなど）
□	退職交渉が長引く場合は途中で直接会う面談のセッティングが重要。 →退職交渉はまじめな方ほど非常にストレスのかかる場面になることを理解する。
□	入社日に懇親会を予定している場合には、予めその旨を伝えておく。
□	入社初日の持ち物などの書面に期待等を添えて送るようにする。

退職交渉のサポートのまとめ

ポイント	詳　細
意思を伝える	退職交渉を始めたか確認をする ⇒退職の意思を伝え、退職書類の用意をするように言われたか ⇒いったんは慰留されることが多いので、改めて退職の意思を次回は書面（退職願・退職届）をもって、実施する
書面を提出する	退職の意思を改めて退職願・退職届で伝える ⇒退職願は願い出るので、会社側に判断を仰ぐ書面 ⇒退職届は退職する申し出になるので、会社側への判断を仰ぐものではない
入社予定日	条件通知通りの入社日で入社可能か ⇒このポイントでもめる可能性が高いので、予め現職者に関しては入社日の猶予をもって内定通知をすることが望ましい 　猶予日までに入社できない場合は内定を取り消すなど
就業規則	就業規則に退職の規定がある場合で、退職の３か月前までに伝える必要があるなどの記載があっても、過去の判例などからは１か月で退職が可能
タイミング	内定者に対して、しっかりサポートすることは大切だが、毎日連絡をすると重たく感じるため、退職の意思を伝えるタイミングや退職願・退職届の提出タイミング、退職日確定のタイミングではしっかりと話すようにする ただし、退職交渉がもつれる場合は、例えば顧問社労士などにも相談し、スムーズに退職ができるようにサポートする

第4章　内定からが本番！欲しい人材を「しっかり」入社させる

（4）内定通知書、雇用契約書などの書面で会社を守る

　既に少し触れておりますが、採用に関するトラブルから会社を守るためのポイントを整理します。

・条件を付けた内定出しとすることで会社を守る

　内定通知書や雇用契約書の書面には、しっかりと条件を付けることをお勧めします。例えば、「入社日に関して、2018年8月1日を基本と考えますが、退職交渉の兼ね合いなどから最長2018年10月1日までに入社することを条件にします」や「内定の効力は応募者が入社意思決定通知書に署名した時点で発生します」としておけば、入社意思をもらうまでは内定を出したことになりません。条件などを入れなければ内定を受けた個人側が有利な判断になることが多いので、書面にしっかりと会社を守る文面を入れることが大切です。また、このあたりも隠すのではなく条件面談の中でしっかりと伝えることが信頼に繋がっていきます。

・入社予定日は必ず守らせるか、柔軟に対応するかはポイントになる

　少しくどいですが、内定フェーズになった時に、入社予定日は重要なポイントです。特に現職からの転職で内定者が現職を辞めきれない場合にいつまで待つのか、また待たないのかということを事前にすり合わせておくことが大切です。最もやってはいけないのが、「いつまででも待ちますよ」というセリフを言ってしまうことです。これを言うことで、実質いつでもあなたの会社に入社できるフリーパスを渡してしまったようなことになってしまいます。つい言ってしまったでは済まされないので、気をつけてください。

・試用期間の意味

　試用期間に関しても、試用期間中ならいつでも簡単に辞めさせられると思っている会社が多いように思います。入社2週間以内は確かに解雇予告なく合理的な理由があれば比較的退職をさせることは可能です。しかし、それ以降は試用期間中であっても、正社員雇用になりますので、解雇予告も必要になります。さらに、契約を解除するための合理的な理由やそのた

135

めの指導がしっかりとできていなければ、雇用契約解除をすることは難しくなります。試用期間を3か月等設置し、3か月後に能力不足で辞めさせたいと考えるのであれば、そもそも雇用契約書を3か月の契約社員として採用をしておくことも選択肢の1つにしてみてはいかがでしょうか。このような対応をすることで、正社員転換のタイミングで助成金に該当する等もあるようなので、詳しくは社労士やハローワーク等で確認してみてください。

余談ですが、雇用の点では助成金が豊富に用意されているため、会社都合退職等を出していない場合は、助成金に強い社労士などにぜひ相談してみてください。採用費が切迫する中も、助成金をうまく活用し、職場環境の改善や福利厚生に充当し、定着率アップにぜひ繋げてください。厚生労働省の助成金は受給要件が満たせば、原則、申請どおりに採択されます。

【アイスブレイク】仮に辞退されてもよい人間関係を構築する（某人材支援会社の事例）

　「社長面接も終え、本人の意思決定もしっかりいただけた。」一次面接を担当していた地方拠点の責任者をしていたＳさんも安心し、入社日まで2か月あるので、少し気楽に考えられたようです。入社1か月前に入社後の段取りなど少し打ち合わせをしたかったので、電話を入れると、ことは急変。内定者Ｋさんは退職交渉の結果、今よりも給料がアップするということで、現職に留まるという意思を固めたということでした。このタイミングで会社側はＫさんを叱責することもあると思います。

　しかし、Ｓさんは改めて、しっかりと内定者Ｋさんと面談機会を設け、事情を確認し、現職に留まられることが内定者Ｋさんにもよいと判断し、Ｓさんは社長に報告。もちろん、Ｓさんは社長から怒られたようです。

　ここまでは良くある話なのですが、Ｓさんと内定者Ｋさんとの間には、しっかりと信頼関係が構築されていました。そして、なんとＫさんは留まった現職の会社からＳさんと「一緒に仕事をしたい！」と言って、Ｓさんの拠点に仕事の発注をかけるようになりました。

　ちなみに、よくよく話を聞いていると、このＳさんはこのような事例が他にも複数あり、面接をしながら、しっかり応募者の夢や目標を確認し、本気でその実現に向けて、「うちの会社が最良であるかどうか」をしっかり考え、面接をされているとのことでした。

第4章のチェックポイント
内定からが本番！欲しい人材を「しっかり」入社させる

合否は早く出す！	・一番に内定が出た会社に入社する確率が高い
条件面談でクロージング	・不安や課題をクリアにして、しっかりクロージング ・回答期限をしっかり設ける
退職交渉のフォロー	・優秀な人材ほど現職の引き留めに合う
雇用契約書等の書面で会社を守る	・条件付き内定通知書 ・入社日の柔軟度 ・試用期間

□ クロージングを怖がらない！
□ 退職交渉は内定者にとってストレスがかかることを
　理解する
□ 辞退をされたとしても、良好な関係を！

第5章
入社した人材が定着し、活躍する仕組み

（1）褒めて承認欲求を満たすことが大前提

（2）配属先任せではなく、面でフォローすることが大切

（3）入社初日にやるべき3つのこと

（4）初めての休日前にしっかりと話す

（5）入社1か月目に改めて期待と進捗の確認

（6）入社3か月目に改めて入社時の気持ちを思い出させる

早期退職をさせない仕組みを作ることは、人事部門にとって重要な役割です。社員の場合、1人採用するのに人材紹介会社経由であれば150万円程度、求人広告でも1人採用するのに50万円程度かかります。採用後スグに辞められては、誰にとってもメリットがありません。

（1）褒めて承認欲求を満たすことが大前提

・しっかりと褒めること

　褒めることで定着率は確実に上がります。また、褒めることで売上もあがります。特に入社当初はしっかりと褒めることです。褒めることで、会社は自分のことを認めてくれていると思うようになります。結果的に自信をつけて仕事に取り組むようになります。逆に、叱り、怒り続けると、自信を無くし、居場所を失っていくようになります。結果、退職という意思決定をする流れになります。

　もちろん、社会人としての当たり前の点で怠ったミスに関してはその事柄に対して、しっかりと注意することは大切です。新人に対して、できてないことを見つけて、「なぜできないのだ！」といっても仕方がありません。できないことを指摘することは得意な方が多いですが、よくできている点をしっかりと見つけ、そこを褒めることを得意としている人は非常に少ないです。

　このような話をある経営者にしていると、「そんな褒められたいような人材はうちの会社にいらない」と言われました。それはそれで1つの考え方かもしれませんが、きっとそのような社風であり、積極的に意見を出せる環境ではないのだろうな、と思いました。

　ただし、時間が経つにしたがって、徐々に叱るようにしてください。割合でいうと入社6か月までは褒める70％、叱る30％。入社1年が経過するころには褒める50％、叱る50％のようなイメージで徐々に割合を変えていくようにしてください。叱ることで期待をしっかりと伝えることができます。ぜひ、割合を意識してください。

・「褒める」を見える化させる

　社員同士で認め合う、褒め合うことが社風として定着している会社は社

員の定着率が高いと言われています。例えば、社員同士で付箋に感謝の気持ちを書き合って、それを貼りだしたり、感謝の気持ちの手紙を読み合うような仕掛けをされている会社も増えてきたように思います。これらはいわゆる「褒める」を見える化した取り組みだと言えます。社員同士で相互に承認欲求を満たせる仕組みを作ることで、社員の定着へと繋げる仕掛けと言えます。

　また、最近では「褒める」を見える化させるためのツールとして、例えば株式会社シンクスマイルが「ホメログ」という「褒める」を見える化し、管理するSNSサービス等を提供されています。ITを活用することで、拠点を超えて、このようなコミュニケーションを構築していくこともできます。

・定着PDCAを回すこと

　社員を採用した後に、しっかり定着し、活躍してもらうために、定着のためのPDCAサイクルを回すことが大切です。アルバイト、新卒、中途に関わらず新入社員は、入社したタイミングが一番やる気に満ちています。しかし、次第にそれは下がっていく傾向にあります。

　これは例えば、経済学などでしばしば使われる「限界効用逓減の法則」で説明できる自然な現象になります。「限界効用逓減の法則」とは、人は手に入れたタイミングからその満足度は逓減していくというものです。採用に関しては、企業も求職者もお互いが「手に入れた」という状況になるため、そこからこの法則が当てはまるとすると、満足度は逓減していくということになります。新入社員の定着を考えると、当然、この観点からもフォローすることが大切になります。この満足度の逓減は新入社員の場合は特に前との比較となることが多く、新卒の場合は学生生活との比較、中途の場合は前職との比較となります。この比較の結果、全て企業側が新人に合わせなさい、というつもりはもちろんないのですが、しっかりとそのギャップを把握しようとすることは大切になります。

　もちろん、比較の結果、取り入れた方がよいことは取り入れるべきだと思います。それが他社で経験している方を採用する意味にもなります。柔軟に対応できる会社はそれが強みになります。しかし、しっかりと聞くだ

けで「分かってくれている」と新人は思います。この感覚が非常に大切になります。定着していただくために、どんなところにギャップがあり、どう改善するべきか「プラン」を立ててもらう。改善できること、実際にやってみることを確認し、「実行」する。実行の結果、どうなったかを「チェック」する。次に向けての「行動」を検討する。

具体的には些細な前職との比較の場合は「これが会社のルールだから、いったんはこのルールを守ってください」ということもあると思います。逆に、前職の当たり前のやり方が仕入れコストが削減できるプロセスを改善させられる場合は、そのようなプロジェクトチームを作ることになることあります。

しっかりとギャップを把握し、コミュニケーションをすることがとても大切になります。

限界効用逓減の法則

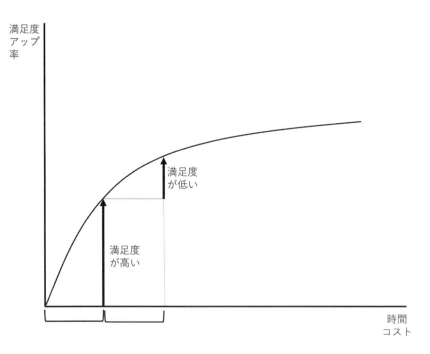

第5章　入社した人材が定着し、活躍する仕組み

（2）配属先任せではなく、面でフォローすることが大切

・点ではなく面で対応する

　飲食店などのチェーン店や人材派遣会社、全国に営業所のある会社の場合ですが、人事チームは採用して終わりになっている会社が多いように思います。配属した後は現場任せになっているのではないでしょうか？

　この場合、入社間もない社員やバイトがそこを管理している社員との相性が悪ければ、誰にも相談できずに、そのまま早期退職に繋がってしまうケースが散見されます。

　人事や場合によっては社長など役員もしっかりと新入社員のフォローをすることが大切になってきます。点でのフォローではなく、本社や役員、社長までが「あなたのことを気にかけている」ということを伝えることが大切となってきます。

　某マッサージチェアー大手メーカーでは、役員が自ら家電量販店で働く販売スタッフに対し、LINEで直接フォローメッセージ等を送ってサポートをされていました。これをやるからこそ、現場の販売からも生の情報が入り、経営の意思決定のスピードにも直結しているのだと思います。

・どのように面でフォローをするのか

　では具体的に本社の人事や社長など役員は、どのように新入社員1人ひとりを面でフォローするのか、ということです。もちろん、規模が大きくなると難しくなってくると思いますが、例えば、メールやLINEなどのコミュニケーションツールで、一次面接を担当した面接官から配属の初日に「期待していますよ！」というメールが入ったり、1か月後に社長から個別に「困ったことはありませんか？」とLINEが届いたりするとどうでしょうか？　新入社員は、社長までもが自分のことを気にかけてくれていると思うに違いありません。1人ひとりと会話をするとなると、規模によっては難しかったりするかもしれませんが、メールやラインであればそれほど難しいことではありません。特に拠点が離れていて人事や社長が直接話す機会を持ちにくい場合などには効果的です。

143

・フォローにはタイミングがあり、仕組み化できる

　新入社員が入社後からつまずくタイミングは概ね決まっているため、フォロータイミングを仕組化することで、定着力は高めることができると考えています。各フォロータイミングは次のようになります。

　①入社初日にやるべき３つのこと

　②初めての休日前にしっかりと話す

　③入社２週間も節目になる

　④入社１か月に改めて期待と進捗の確認

　⑤入社３か月目に改めて入社時の気持ちを思い出させる

　このタイミングをしっかりと押さえれば早期退職を防ぐことができます。

（3）入社初日にやるべき３つのこと

・入社日が一番重要、やるべき３つのこと

　早期退職をさせないための一番重要な日は、なんといっても「入社日」です。今までは求職者だった人が、社員になる日になります。どんな人でも、たとえ中途社員でも、あなたの会社へは新入社員として入社していきます。そして、ほぼ100％緊張をされています。新卒などの若手はうまく仕事を覚えられるだろうか、中途は中途で今までの経験をしっかり活かせるだろうか、と色々な想いをもって、入社されます。

　その中で、入社初日はやはり新入社員として、会社を改めて評価するタイミングになることを忘れてはいけません。当然、会社は「活躍して欲しい！」と思って採用をしたわけです。新入社員も「一生懸命頑張ろう！」と思って入社したわけです。このお互いの気持ちをしっかりと繋げていくことが大切になってきます。

第5章　入社した人材が定着し、活躍する仕組み

①積極的に挨拶・自己紹介を先輩社員側からもする

　当然ながら、新入社員側から各先輩に挨拶・自己紹介に行くことは大切だと思います。ただし、この場合も人事や先輩社員が引率するようにすることが望ましいです。挨拶・自己紹介を自発的に行ったとしても、緊張とたくさんの先輩を覚えなければいけない、挨拶回りの中では、正直、誰に話しかけたか、挨拶したかを忘れていることもあります。

　そのため、しっかりと先輩社員の方からも挨拶・自己紹介をしていくことで、ある意味、行き忘れ防止にもなりますし、新入社員側からしても、出迎えてもらえることでいい会社だと改めて思ってもらえることにも繋がります。

②会社の当たり前となっている独自ルールをしっかり説明する

　皆さんが日常当たり前だと思っている会社のルールの中には、他とは大きくことなる特殊なルールで運用されているものがあることをまず理解してください。実は、このようなちょっとしたことが転職者であれば、「今までと違う」というストレスになることもあります。新入社員への気遣いのポイントです。具体例をチェックしておきましょう。

出社のルール

　9時始業の会社に何分前に行く必要があるのだろうか。これも新入社員にとっては戸惑うポイントの1つになります。労基法上などの観点では定時までに会社に出勤していればいいのかもしれませんが、実際は「10分前までに来ている」や「実は、15分前から朝礼が始まる」などのルールがあるケースも多いと思います。

　厳密にいうと、毎日朝礼が就業時間前に実施されているケースは労基法上は労働時間とされるケースもあるので、注意しておく必要もあります。

トイレの場所・使い方

　トイレには必ず行くことになります。つまり、トイレの場所はしっかりと説明するようにしてください。また、トイレの使い方もしっかりと説明をしてください。いきなりトイレのことから触れると、「そ

145

んなことは大丈夫だよ」と思われるかもしれませんが、中小企業の場合は特殊ルールで運用されているケースもたくさんあると思います。

　例えば、「賃貸のビルに入居されていない（自社ビル）」または「事務所内にトイレがあり掃除も自社でやる賃貸に入居」のケースのトイレの使い方は説明をする必要があると思います。「最上階のトイレは実質社長専用です」や「３階はどちらかという女性がメイン」、「男性の小便は座ってやること」など特殊なルールがある場合はしっかりと説明をしてください。笑い話のように受け取っている方もいらっしゃるかもしれませんが真剣なことです。

休憩の取り方

　これも会社により全く異なります。例えば、「喫煙者の場合はどれくらいの頻度でどれくらいの時間ならよいのか」、また、「その際は勤務時間から減らすのか」や、お昼休憩はみんなで食べに行く習慣があるのか、１人で勝手に済ますことが多いのか等、意外と入社したタイミングから気になるポイントになりがちです。会議室でお弁当を食べてよいことになっているが、私語は基本禁止されているような会社も中にはあります。

文房具や備品の使い方

　会社と新入社員のどちらが揃えなければいけないか、これも会社により線引きがいろいろと異なります。パソコンや携帯電話は今では会社貸与が多いと思いますが、ボールペンやノートは個人で揃えるものですか？　実はこのあたりも会社により大きく違うので、しっかりと説明しておくポイントだと思います。

帰宅する時のルール

　「先に帰ってもいいよ」と上長に言われたとしても、上長が帰宅するまでは帰ってはいけないなどの暗黙知とされているルールがあるケースもあります。どのようなタイミングでみんなが帰宅するのか、これも新入社員からすると戸惑うポイントになります。最初のうちは周囲がしっかりと帰宅を働きかけるようにしてください。

146

③新入社員は先輩社員全員を覚えなければいけないことを忘れてはいけない

　言われると当たり前なのですが、職場の皆さんからすると、新入社員が職場に来るとその1人を覚えればことは足りますが、新入社員は職場にいる全員を覚える必要があります。これは意外と大変な作業です。迎え入れた時に、多くの会社は朝礼などで新入社員に自己紹介をさせた後、朝礼に参加している社員が1人ずつ名前と何の仕事をやっているかを全員が話すシーンを散見します。正直、顔と名前と役割をこの一瞬で記憶できる人はいないと思います。当然、緊張もしています。中には、朝礼の場で名前と役割を言ったから、もう覚えていて当然のようなスタンスを取る方もいらっしゃいますが、まず無理です。

　当然、新入社員側も顔と名前が一致しないことや、誰に何を相談してよいのかわからないケースが多いので、責任をもって相談に応じる担当を予め決めておく、いわゆるブラザーシスター制度を導入することもよいと思います。

　また、会社側は座席表や名前と役割がわかる表を用意しておくことが必要です。中には全社員の顔写真やニックネーム、趣味、仕事内容などを冊子にして渡す会社もあります。この事例はリクルート社での話ですが、この社員紹介冊子はコミュニケーションツールとしても役立ちました。今では社内のSNSシステム等を活用して、実施する会社も増えてきています。

　ただし、冊子で運用する場合は退職率が高い会社では運用が大変になるので、その際はSNSなどで対応する方がいいかもしれません。

　新入社員にとって入社日は特に緊張感もあり、職場では当たり前のルールとなっている暗黙知にストレスを抱えます。その点をしっかりと理解し、積極的に配属される社員や人事、社長からもコミュニケーションを取るようにしてください。

　新入社員が家に帰って、「この会社に入ってよかったな！」とまずは思ってもらえることが大切です。

また、入社日に歓迎会（飲み会）を予定している場合は、必ず事前に歓迎会を予定している旨を伝えておくようにしましょう。会社からすると、良かれと思って入社日に当たり前のように歓迎会をやってしまうと、もしかしたら別の予定を新入社員が既に入れているかもしれません。この場合、新入社員からすると、「なぜ先に言ってくれないんだろう」となります。結局、新入社員への配慮（スケジュール）を考えると、入社後の研修（特に宿泊の伴う研修の場合）や歓迎会（入社日の週末金曜を予定しているなら、それを先に伝えておく）などの予定は、内定や条件通知の連絡とともに参加するように伝えていくことが大切になります。

　なお、少し脱線しますが、最近の若い社員は「社内の飲み会に残業はつきますか？」「それは仕事ですか？」と普通に聞いてくるケースもよく聞きます。そのため、例えば、大阪に本社を構える株式会社採用戦略研究所では、社内の飲み会は 16 時スタートで就業時間中に実施しています。この会社ではシングルマザーを積極的に採用している点からも、子どものお迎えの時間も考慮し、社内飲み会の時間を 16 時開始にし、全員参加の上で、飲みニケーションを図っています。

148

第5章　入社した人材が定着し、活躍する仕組み

会社の独自ルールは要注意

独自ルール	詳　細
出社ルール	９時始業の場合、実際には何時までに出社をすればいいのか？実は15分前には会社に来て朝礼が実施されているなどの場合は事前に伝えておくことが大切です
トイレの場所・使い方	自社ビルや一棟借りの事務所の場合はトイレの使用ルールはありませんか？例えば、最上階のトイレは「社長しか使ってはいけない」や「偶数階は男性トイレ」等がある場合などは事前に伝えておきましょう
休憩の取り方	例えば、喫煙者はどのようなルールで喫煙をしてもいいのか、またはしてはいけないのか昼休憩はお弁当を食べる会議室はあるのか、など
文房具・備品	文房具やパソコン、携帯は会社貸与なのか。どのラインからは貸与なのかなどのポイントが分かりにくい。また、急な発熱の時に市販の薬などは常備されているのか、など
帰宅のルール	帰宅時は上司がいる間は帰宅してはいけないなどのルールはないかなど
飲み会	会社の飲み会は「割り勘なのか、会社負担なのか」や参加は強制なのか、帰っても問題ないのかなど

入社日の重要チェックポイント

☐	できるだけ入社マニュアルを具体的に作成しておく。→社内用語辞典やトイレの使い方など特殊ルールがある場合は特殊ルールがわかるマニュアル
☐	職場全体に周知し、職場全体で歓迎していることが伝わるようにする。
☐	新入社員は職場の全員を覚えなければいけないので、名前を覚えるだけでも大変なことを理解する。
☐	お昼休憩は初日は配属先の上長などとランチに行くようにする。
☐	帰宅前にしっかりと不安などを確認する。
☐	懇親会がある場合は飲ませすぎないように注意も必要。

（4）初めての休日前にしっかりと話す

・初めての休日は注意ポイント

　初めての休日を迎える前日は、少し注意をするべきタイミングになります。会社に対してマイナスのイメージやストレスに感じていることがあった際に、それを解決せずに休日を迎えることで休暇中にそれが増長してしまう可能性があります。そのため、初めての休日を迎える前日は、人事セクションや配属先の上長としっかりと話をする場を持つことが大切です。時間としては、5分〜10分程度で問題ないと思います。形式的にというよりかは、気にかけていることをしっかりと新入社員に伝えることが大切になります。

・今までとの変化に対する不安やストレスになっていることの有無を確認する

　中途入社者の場合だと前職との違いで、新卒入社者は学生時代との差など新たな職場でお仕事をするという環境の変化に対して、多くの人は不安やストレスを抱える結果になっていると思います。そのため、その不安やストレスを休み前に少しでも取り除いておくことが大切になってきます。

　例えば、中途入社者には「お休み前に不安や悩みがあったら確認しておきたいのだけど、前職との違いでストレスに感じていることはないですか？」くらいの会話をしておくことが大切です。

　例えば、新卒など若手社員の場合は「お休み前に不安や悩みがあったら確認しておきたいのだけど、働いてみて、疲れなどでてきていない？　何でも悩みとかあれば相談してみて!?」くらいの会話をしておくことが大切です。

・現状、些細なことでもよいので、困っていることがないかを確認する

　変化の違いによるストレスの確認とともに大切なことが、物理的に困っていることにもフォーカスし、課題確認をしておくことです。例えば、お仕事をしていて何か困った時に、誰に指示を仰げばその困っていることは解決できるか、などが理解できているだけでもストレスは減ります。そのためにも、組織図と役割などがわかるような資料を用意しておくことも大

切になります。

　例えば、「今、物理的にお仕事をしていて、どんなことに困っています
か？」のようなコミュニケーションが必要です。ここでのポイントはクロー
ズドクエスチョンではなく、オープンクエスチョンでするようにしま
しょう。「今、物理的にお仕事をしていて、困っていることがありますか？」
は良くない質問になります。こう質問すると、「別にないです」という回
答が返ってくる可能性が高まります。些細な課題でも確認できることが大
切になるのでオープンクエスチョンをすることが大切です。例えば、「些
細なことでも困っていることを教えてくれないかな？」と、そのまま直球
で聞いてみてください。

・休日はしっかりリフレッシュできそうかを確認する

　最後に、確認しておきたいこととしては、特に若手の場合は「しっかり
と週末はリフレッシュできそうか？」「休みは何かするの!?」などを確認
しておきましょう。しっかりとリフレッシュをしてもらうことで、ストレ
スを発散させることが大切です。

　このあたりの会話から趣味や交友関係の話にまで広がると、一安心でき
ます。しっかりと新入社員の存在欲求・承認欲求を満たすことで、信頼関
係の構築をしていきましょう。

　こんなことまでするのか？と思う方もいらっしゃると思いますが、自分
の子どもだと思うと、このようなポイントでコミュニケーションするので
はないでしょうか？　中小企業はある意味、家族的です。ドライではなく
ウェットに富んでいます。社長は会社全体の家族の長として、また、各店
舗や営業所を任せられている拠点長は、その拠点のトップとして、プライ
ベートのことまで把握しておく必要があります。

　もしうまくリフレッシュできていないようであれば、自分の趣味でもよ
いので、誘ってみる働きかけなども、ぜひ試してください。意外と誘われ
ると喜んでついてきたりすることも多いです。勝手にこちら側が、最近の
若者は飲み会も来ないなどの情報を真に受けてうまく誘えていなかった
り、または何度か参加した際に、単に話が面白くなかったり、威圧的で不
愉快な思いをしただけかもしれません。うまくコミュニケーションをとり、
お互いに尊重し合えれば、打ち解けることが多いです。

（5）入社 1 か月目に改めて期待と進捗の確認

・入社 1 か月目は少し長めに面談を

　入社 1 か月のタイミングは今後の定着に向けて、大切なポイントになります。しっかりと、「1 か月お疲れさま！」の労いとともに、期待を伝え直すようにしましょう。入社 1 か月も経つと、身の回りで困っていることは概ねなくなってきていると思います。会社の文化やルールにも少し慣れ始め、ようやく本来の仕事に集中できるような感じでしょうか。

　そのため、改めて、「期待」をしっかりと伝え、その期待にどう応えていくか、どのような手順で仕事を進めていくかを具体的に決めていくことが大切です。

　新卒や転職の場合は、中長期的な目標から 1 年後、6 か月後、3 か月後と落とし込んでいき、2 か月目をどうスタートするかを打合せします。

　バイトやパートに関しても、働くことの自覚をしっかり持たせるために、しっかりと話す機会を持つことが大切です。

・前職と比較して、改善すべきところがあれば確認しておく

　中途入社者に関しては、前職と比較してしまうことを悪く捉える会社も多いですが、逆にしっかりと前職と比較して、うちの会社がもっとよくできるような改善点はないかと確認しておくことも、中途社員を採用するメリットにもなると考えます。時間が経つと忘れてしまうので、「もっと当社をよくするために、前職でのあたり前でうちの会社でもやったらいいことって何かあるかな？」と言う質問で確認をしましょう。今すぐ改善できなくても良いですが、しっかりと会社を良くするための前向きな意見として、ストックしておくことが大切だと思います。

・初給料のタイミング

　また、会社により異なりますが、入社 1 か月目または暫くすると 1 回目の給料支給日になると思います。ぜひ、給与明細を渡すときなど、一声労いの言葉と期待の言葉をかけることを忘れないでください。間違っても、「まだ稼いでないけど、給料払ってやるわ！」みたいな対応は NG となります。しっかりとモチベーションがあがるように、期待を伝えることをしてください。

第5章　入社した人材が定着し、活躍する仕組み

（6）入社３か月目に改めて入社時の気持ちを思い出させる

・入社３か月目に改めて入社時の気持ちを思い出させる

　新入社員も３か月が経つ頃には、もう新入社員らしさはいい意味で薄れてきていると思います。転職組はそろそろ活躍の兆しや既に活躍してきていると思います。新卒の場合はまだジョブローテーションをしている途中かもしれませんが、会社の仕組みの理解が進んでいる状況だと思います。また、アルバイトやパートに関しては、３か月もすると一般業務はしっかりと対応できている状況だと思います。

　雇用形態に関わらず、このタイミングは、「期待」をしっかりと伝え直すということが求められます。入社時にどんなことを話していたかを伝え、現時点でギャップはあるのか、どれくらいやれそうか等、より具体的に今後の目標設定をするのによいタイミングだと言えます。

・毎年６月あたりの中途の合同会社説明会はその年４月入社者が多数

　少し話を脱線させますが、毎年、６月の大手求人会社が実施する転職イベント（合同会社説明会）には、たくさんのその年の４月入社の新入社員が参加しています。入社３か月も経たずして、転職を考える若者がこんなにたくさんいるのか！と驚かされるイベントになっています。このことをどのように感じられるかは人それぞれだと思いますが、事実として把握しておいてください。ちなみに、大手企業に入社していても平気でこのタイミングで中小企業に転職をする若者もかなりの数がいます。また、２社目では次もスグに辞めるとさすがに市場価値が下がるという認識があるのか、比較的定着する若手が多いことも添えておきます。正直、中小企業で新卒や若手を採用したいと考えている会社にはお勧めできる採用活動のイベントになります。

153

【アイスブレイク】褒め合う仕組みを導入し、社員の定着が大きく改善（株式会社シンクスマイルの事例）

シンクスマイル社は歯を白くするホワイトニングマシンの販売事業の他に、「褒める」を見える化するという面白い社内SNSのシステムを開発・提供している会社になります。

元々は自社の社員が定着し、活躍するためにはどうしたらいいのかを考え、社内に褒め合う文化をつくろう！と意思決定をしたことから始まったそうです。この自社のために作ったシステムがメディアに取り上げられ、大手サービス業系の企業から販売して欲しいという要望を受け、商品化へ。現在は「ホメログ」というサービス名で理念浸透や褒める文化づくりの支援として、HRコンサルティング事業部も拡大。

自社においても、褒める文化が浸透していることから、社員の定着率は非常に高く、また、褒め合う文化を大切にしているということが学生にも伝播し、毎年応募者が10,000名を超える人気企業となっています。

最近のトレンドとしては、人材サービス業以外の会社からHRtechの領域や人材紹介事業の立上げ、採用コンサル事業の立上げ等新規参入をされる会社も増えてきております。これらに参入する多くの会社は今までの当たり前のやり方を変えて、自社の採用の成功モデル構築の中で、そのやり方を他社にも横展開しようというサービスが多く、今後もこれらのサービスに注目が集まります。

株式会社シンクスマイル（https://5smile.com/）

第5章　入社した人材が定着し、活躍する仕組み

第5章のチェックポイント
入社した人材が定着し、活躍する仕組み

| 承認欲求を満たす＝褒める文化 |

| 配属先任せでなく、面でフォローする |

・社長も人事も気にかける　・仕組み化してしまう

【退職しやすいタイミングでフォローする】

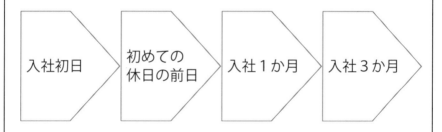

入社初日　→　初めての休日の前日　→　入社1か月　→　入社3か月

☐ 特に若手は承認欲求が大切
☐ 気持ちは全員参加で新入社員を気にかける
☐ 退職しやすいタイミングに5分でいいので、
　しっかりとコミュニケーションする

あ と が き

　今よりお金をかけずに定着する人材を採用する支援をしたい、と心の底から想い、その手段として「お金をかけず　定着する人材を採用する」の出版をさせていただくことができました。

　今までは人を採ろうとすると、その採用活動のやり方は大手求人広告に広告を出す。またはそれらの経営母体が運営するグループ会社の人材紹介会社に発注し、採用決定時に年収の30％〜35％の紹介手数料を支払い採用活動をするというやり方がメジャーでした。また、大手の求人広告掲載に至っては、その広告効果（応募数を増やす）を少しでも高めるために、募集要件の求める人物像をとにかく緩め、「誰でも応募ができる」ような広告表現にすることを求人の営業マンから提案を受け、未経験歓迎にしたものの、それでも応募が来ないという状況に陥った会社もあると思います。さらに、応募が来なければ、より露出が増える広告枠として値段の高い広告枠の提案を受ける流れが主流だったと思います。

　この本では「今までの当たり前のやり方を少し見直しませんか!?」をご提案させていただきました。
　大手の求人広告や人材紹介に頼るだけではなく、「独自固有の採用定着モデル」をつくることで、採用費を削減し、削減した費用を社員の定着や福利厚生、会社の収益改善に繋げることができればいいと思いませんか？
　本書の中では、このエッセンスや具体的なノウハウをできる限りちりばめさせていただきました。
　人を採ること・社員を定着させることにもう少し真剣に取り組み、本書に書かれたことを何か1つでよいので、実際にやってみてください。必ず効果を感じていただけると思います。
　本書で紹介させていただいた、シートや管理表などは、全て専用サイトからダウンロードもできるようにしています。

　今このタイミングで、大手求人広告・人材紹介者を頼らずに、「自社で定着する人材が採れるモデル」を構築しておくことは、労働力人口が今後

156

ますます減っていく中において、強い経営資産になっていきます。ぜひ、最初の一歩を踏み出してみてください。

　さて、本書の出版に関しては、労働新聞社出版事業局伊藤様には本を出すことに関して、右も左もわからない中、いつも優しくアドバイスいただき、深く感謝しています。また、本を出そうと思った時に的確な指示をいただいたビジネス書作家の木暮太一先生、リクルートの先輩で師匠のEHR 兼松正氏、新しい事業モデルをともに検討する JCA グループ代表 特定社会保険労務士・キャリアコンサルタントの実成伸二先生。あるべき採用支援モデルの構築に向けて切磋琢磨し合うビジネスパートナーの採用戦略研究所、また、全国のクライアント企業様各社にも感謝します。

　1 社でも多くの会社が、採用や定着において、この本から「いいネタ見つけた！」と実践していただけることが一番の喜びです。ぜひ、強い会社を一緒に作っていきましょう！

平成 30 年 10 月吉日
採用定着実践会株式会社　一同

採用定着実践会

　採用定着実践会株式会社は「採用は大事。定着はもっと大事。」を
コンセプトにした独自固有の採用定着モデル構築支援に特化した人事
コンサルティングを行っております。

　採用費を下げることはとても簡単です。採用費を削減し、既存社員
の定着率アップに投資することが大切です。

　主な事業内容はクライアント企業ごとの個別採用定着コンサルティン
グ（現在個別支援はキャンセル待ち）の他、会員制グループコンサル
ティング「採用定着顧問サービス」を展開。採用定着顧問サービスで
は、リアルな採用費削減と定着率アップの勉強会やFacebook非公開
グループ機能を活用したグループコンサルティング、求人広告媒体の
適正価格診断などを実施します。

　また、士業や人材サービス業などに対して、採用定着コンサルタン
トの養成講座を今後展開予定です。

【代表コンサルタントの支援実績】
・某電鉄グループ全体の脱・求人広告支援コンサルティング支援
・某空調機器メーカー下請け会社採用支援モデル構築支援
・百貨店系人材サービスの新規事業立上げ支援
・社員20名の運送会社（大阪府高槻市）が2週間ゼロ円で応募者が
　5名以上
・社員30名の注文住宅会社（兵庫県）が1週間ゼロ円で一級建築士
　からも応募獲得
・初めて社員採用を目指すパーソナルトレーニングジムがゼロ円で1
　週間で社員2名採用など、大手企業・大手グループ案件の他、中堅・
　中小企業、個人商店まで含め300社以上の支援実績を持つ
・2018年の講演実績　大阪商工会議所・大阪産業創造館など

【公式サイト】

https://www.ar-consulting.net

【問合せ】

https://www.ar-consulting.net/contact/

【住所】

兵庫県西宮市南越木岩町 11 － 6　クリエイターズビレッジ

【読者限定】

採用定着ツールを無料ダウンロードサービス

　本書で紹介させていただいた資料・書面・読者限定コンテンツなどは、下記 URL よりメールアドレスをご登録いただくことで、読者限定無料プレゼントをさせていただいております。

https://www.ar-consulting.net/tokuten

お金をかけず定着する人材を採用する

編　　者	採用定着実践会

平成 30 年 11 月 20 日　初版

発 行 所	株式会社労働新聞社
	〒173-0022　東京都板橋区仲町29-9
	TEL：03-3956-3151（代表）　03-5926-6888（出版）
	FAX：03-3956-1611
	https://www.rodo.co.jp/　　pub@rodo.co.jp
表　　紙	尾﨑　篤史
印　　刷	株式会社ビーワイエス

禁無断転載／乱丁・落丁はお取替えいたします。
ISBN 978-4-89761-725-1